W0064143

# MARCO ⊕ POLO

# GOMERA
# HIERRO

*Fünf Symbole sollen Ihnen
die Orientierung in diesem Führer erleichtern:*

*für Marco Polo Tipps – die besten in jeder Kategorie*

*für alle Objekte, bei denen Sie auch eine schöne Aussicht haben*

*für Plätze, wo Sie bestimmt viele Einheimische treffen*

*für Treffpunkte für junge Leute*

**(108/A 1)**

*Seitenzahlen und Koordinaten für den Reiseatlas Gomera und Hierro*

*Diesen Führer schrieb Michael Leibl.
Er ist Reisejournalist und hat seit 1990 seinen
zweiten Wohnsitz auf Gomera.*

*Die Marco Polo Reihe wird herausgegeben
von Ferdinand Ranft.*

Die aktuellsten Insider-Tipps finden Sie im Internet unter http://www.marco-polo.de

MAIRS GEOGRAPHISCHER VERLAG

# MARCO 🌐 POLO

*Für Ihre nächste Reise gibt es folgende Titel dieser Reihe:*

Ägypten • Alaska • Algarve • Allgäu • Amrum/Föhr • Amsterdam • Andalusien • Antarktis • Argentinien/Buenos Aires • Athen • Australien • Azoren • Bahamas • Bali/Lombok • Baltikum • Bangkok • Barbados • Barcelona • Bayerischer Wald • Berlin • Berner Oberland • Bodensee • Bornholm • Brasilien/Rio • Bretagne • Brüssel • Budapest • Bulgarien • Burgund • Capri • Chalkidiki • Chicago und die Großen Seen • Chiemgau/Berchtesgaden • Chile • China • Costa Blanca • Costa Brava • Costa del Sol/Granada • Costa Rica • Côte d'Azur • Dalmat. Küste • Dänemark • Disneyland Paris • Dolomiten • Dominik. Republik • Dresden • Dubai/Emirate/Oman • Düsseldorf • Ecuador/Galapagos • Eifel • Elba • Elsass • Emilia-Romagna • England • Erzgebirge/Vogtland • Finnland • Flandern • Florenz • Florida • Franken • Frankfurt • Frankreich • Franz. Atlantikküste • Fuerteventura • Gardasee • Golf von Neapel • Gomera/Hierro • Gran Canaria • Griechenland • Griech. Inseln/Ägäis • Hamburg • Harz • Hawaii • Heidelberg • Holland • Holl. Küste • Hongkong • Ibiza/Formentera • Indien • Ionische Inseln • Irland • Ischia • Island • Israel • Istanbul • Istrien • Italien • Italien Nord • Italien Süd • Ital. Adria • Ital. Riviera • Jamaika • Japan • Java/Sumatra • Jemen • Jerusalem • Jordanien • Kalifornien • Kanada • Kanada Ost • Kanada West • Kanalinseln • Karibik I • Karibik II • Kärnten • Kenia • Köln • Königsberg/Ostpreußen Nord • Kopenhagen • Korfu • Korsika • Kos • Kreta • Kuba • Languedoc-Roussillon • Lanzarote • La Palma • Leipzig • Libanon • Lissabon • Lofoten • Loire-Tal • London • Los Angeles • Lüneburger Heide • Luxemburg • Macau • Madagaskar • Madeira • Madrid • Mailand/Lombardei • Malaysia • Malediven • Mallorca • Malta • Mark Brandenburg • Marokko • Masurische Seen • Mauritius • Mecklenburger Seenplatte • Menorca • Mexiko • Mosel • Moskau • München • Namibia • Nepal • Neuseeland • New York • Nordseeküste: Niedersachsen mit Helgoland • Nordseeküste: Schleswig-Holstein • Normandie • Norwegen • Oberbayern • Oberital. Seen • Österreich • Ostfries. Inseln • Ostseeküste: Mecklenburg-Vorpommern • Ostseeküste: Schleswig-Holstein • Paris • Peking • Peloponnes • Peru/Bolivien • Pfalz • Philippinen • Phuket • Piemont/Turin • Polen • Portugal • Potsdam • Prag • Provence • Rhodos • Riesengebirge • Rocky Mountains • Rom • Rügen • Rumänien • Russland • Salzburg/Salzkammergut • Samos • San Francisco • Sardinien • Schottland • Schwarzwald • Schweden • Schweiz • Seychellen • Singapur • Sizilien • Slowakei • Spanien • Spreewald/Lausitz • Sri Lanka • Steiermark • St. Petersburg • Südafrika • Südamerika • Südengland • Südsee • Südtirol • Sylt • Syrien • Taiwan • Teneriffa • Tessin • Thailand • Thüringen • Tirol • Tokio • Toskana • Tschechien • Tunesien • Türkei • Türk. Mittelmeerküste • Umbrien • Ungarn • USA • USA: Neuengland • USA Ost • USA Südstaaten • USA Südwest • USA West • Usedom • Venedig • Venetien/Friaul • Venezuela • Vietnam • Wales • Washington D.C. • Weimar • Wien • Zürich • Zypern • Die besten Weine in Deutschland • Die tollsten Musicals in Deutschland

*Die Marco Polo Redaktion freut sich, wenn Sie ihr schreiben: Marco Polo Redaktion,*
*Mairs Geographischer Verlag, Postfach 31 51, D-73751 Ostfildern*

*Unsere Autoren haben nach bestem Wissen recherchiert. Trotzdem schleichen sich*
*manchmal Fehler ein, für die der Verlag keine Haftung übernehmen kann.*

*Titelbild: Valle Gran Rey auf Gomera (O. Stadler)*
*Fotos: R. Kiedrowski (67, 79); laif: Töphoven (64, 70, 73, 85), Zanettini (77, 82, 87);*
*Mauritius: Hubatka (107); D. Renckhoff (12, 14, 17, 19, 20, 22, 24, 36, 38, 45, 50, 55, 61);*
*O. Stadler (4, 8, 11, 26, 29, 30, 33, 41, 49, 52, 58)*

*1. Auflage 2000 © Mairs Geographischer Verlag, Ostfildern*
*Chefredakteurin: Marion Zorn*
*Lektorat: Manfred Pötzscher*
*Gestaltung: Thienhaus/Wippermann (Büro Hamburg)*
*Kartografie Reiseatlas: © Mairs Geographischer Verlag*
*Sprachführer: in Zusammenarbeit mit Ernst Klett Verlag für Wissen und Bildung GmbH,*
*Redaktion PONS Wörterbücher*

*Printed in Germany*
*Gedruckt auf 100% chlorfreiem Papier*

# INHALT

# Entdecken Sie Gomera!

*Die kleine grüne Insel ist ein Wanderparadies mit wilden Schluchten, Palmenhainen und einem märchenhaften Lorbeerwald*

Gomera und Hierro sind die beiden kleinsten und touristisch am wenigsten erschlossenen der sieben Kanarischen Inseln. Der vor der nordwestafrikanischen Küste liegende Archipel genießt besonders im Norden den Ruf, ein sonniges Naturparadies für Wintermüde zu sein. Doch auch im Sommer sind die Kanaren Dank des ganzjährig milden Klimas ein beliebtes Ferienziel. Unabhängig von der Saison konzentrierte sich der Fremdenverkehr bisher im Wesentlichen auf die größeren Inseln, die über eine gute internationale Verkehrsanbindung verfügen. Gomera und Hierro blieben vom Massentourismus verschont und konnten sich den Charme des Ursprünglichen bewahren. Zwar hat Gomera mittlerweile einen Flughafen, der ist jedoch nur für den Verkehr zwischen den Inseln zugelassen: Wer vom Festland anreist, ist weiterhin auf Teneriffa als Zwischenstation angewiesen.

Nach den kargen Landschaften und Hotelburgen im Süden Teneriffas überrascht der Szenenwechsel auf Gomera angenehm. Die Hauptstadt San Sebastián liegt an der wettersicheren Ostküste. Schon bei der Einfahrt in den Hafen bekommen die Besucher vom Deck der Fähre aus einen ersten Eindruck von der wilden Schönheit der Insel. Hinter dem imposanten Yachthafen und einer palmengesäumten Strandpromenade ziehen sich die weißen Häuser des Ortes die Hänge empor. Dahinter staffeln sich die mächtigen Gebirgszüge einer kargen, zerfurchten Gebirgslandschaft in die Tiefe, durchschnitten von engen Tälern und Schluchten *(barrancos)*.

Die Kanaren sind vulkanischen Ursprungs. Vor etwa zwanzig Millionen Jahren erhoben sich die ersten Inseln aus dem Meer. Hierro ist mit drei Millionen Jahren am jüngsten. Gomera ist etwa zehn Millionen Jahre alt und, ebenso wie Hierro, seit langem ohne Vulkantätigkeit. Die eruptive Entstehung ist ihr auf den ersten Blick kaum anzumer-

*Schroffe Felsen prägen weite Küstenteile Gomeras*

ken: Erosionskräfte wie Wasser und Wind hatten fast drei Millionen Jahre Zeit, tiefe Kerben in das Gestein zu graben. In Form von fast fünfzig Schluchten fallen sie fächerförmig von der Gipfelregion aus zum Meer hin ab. Im Schutz dieser bis zu 800 m tiefen und kilometerlangen Einschnitte konnten sich unzählige Biotope mit wasserfallartigen Bachläufen und einer artenreichen Pflanzenwelt entwickeln. In ihren Ausläufern bilden diese Schluchten entweder kleine Buchten in der Steilküste, oder sie weiten sich zu sanften Tallandschaften, wie dem berühmten Valle Gran Rey oder dem Tal von Hermigua. In den Flussdeltas der Täler liegen die wichtigen Ortschaften und die Häfen. Die mächtigen Bergrücken zwischen den *barrancos* dienen mit ihren Hochebenen als Weideland.

Überragt wird diese zerfurchte Bergwelt von gewaltigen, kegelförmigen Basaltmonolithen, den *roques,* und einem mächtigen Tafelberg, der *Fortaleza.* Als erstarrte Schlotfüllungen von Vulkanen, die durch Erosion freigelegt wurden, sind die *roques* Zeugen der Entstehungsgeschichte der Insel.

Der geringe Durchmesser von nur 25 km lässt die Durchquerung Gomeras mit dem Auto beim Blick auf die Landkarte zunächst als ein Kinderspiel erscheinen. Doch das täuscht: Der wilden Topographie entsprechend krümmen und hangeln sich die schmalen Straßen abenteuerlich und in einer endlosen Folge von Kurven durch die zerklüftete Bergwelt, oft als markante Einschnitte auf direktem Weg durch die Bergrücken gefräst. Sie schlängeln sich in engen Serpentinen die Flanken tiefer Täler entlang, balancieren am oberen Rand von Schluchten oder kurven als Geisterbahn durch den häufig nebelverhangenen Lorbeerwald.

Schwindelfreie und geübte Wanderer finden in sogenannten Durchstiegen, die in den Steilwänden der Täler angelegt sind, eine Herausforderung. Schon seit Jahrhunderten dienen sie als direkte Verbindungswege zwischen den mächtigen Bergrücken. In der Weite dieser Hochebenen werden Sie manchmal noch Hirten begegnen, denen die Gelegenheit zu einem kurzen Gespräch eine willkommene Abwechslung ist.

Aus anderer Perspektive betrachten kann man Gomera auf Inselumrundungen per Schiff. Für die Stimmung an Bord sorgt dabei eine gut aufgelegte Mannschaft mit Sangria, frischen Fischgerichten und Livemusik. Beliebt sind auch Delphin- und Walfahrten in kleinen Fischerbooten, bei denen man mit etwas Glück die verspielten Tiere hautnah erleben kann.

Auch organisierte Wanderungen unter fachkundiger Leitung werden angeboten. Viele erkunden das Terrain jedoch lieber auf eigene Faust zu Fuß. Die schönsten Plätze liegen abseits der Straßen. Um sich ein im Talgrund liegendes Dorf oder eine traumhafte Bucht am Meer von nahem anschauen zu können, ist es oft erforderlich, das Lenkrad gegen einen Wanderstock und die Sandalen gegen solides Schuhwerk zu tauschen.

Wer sich dann auf einem der schmalen Esels- und Ziegenpfade einem abseits gelegenen Dorf

# Geschichtstabelle

**1100 v.Chr.**
Wahrscheinlich erreichen
als erste die Phönizier den
Kanarischen Archipel

**1341**
Portugiesische Expeditions-
schiffe landen auf den Inseln

**1402–05**
Der Normanne Béthencourt
erobert Teile des Archipels
für die kastilische Krone

**1477**
Die spanische Krone über-
trägt Hernán Peraza die
Besitzrechte an Gomera.
Viele Einwohner werden
als Sklaven verkauft

**1488**
Peraza wird von Einhei-
mischen getötet. Seine
Nachfolgerin Beatriz de
Bobadilla lässt Hunderte
Gomeros töten

**1492**
Erster Besuch von Christoph
Kolumbus, der auf Gomera
seine Proviant- und
Wasservorräte auffüllt

**1496**
Die Eroberung der Kanaren
durch Spanien ist abge-
schlossen. Die Ureinwohner
werden christianisiert

**16. Jh.**
Die Inseln sind wichtige
Durchgangsstationen für
den Amerikahandel.
Zuckerrohrplantagen,
Sklavenhandel und Wein-
anbau entwickeln sich zu
wichtigen Einnahmequellen

**1730–36**
Lang andauernde Vulkan-
ausbrüche auf Lanzarote

**1744**
Auf Teneriffa wird die erste
Universität der Kanaren
gegründet

**1811–30**
Gelbfieberepidemien und
Hungersnöte zwingen viele
Kanarier zur Auswanderung
nach Mittel- und Südamerika

**1836**
Auf Gomera und anderen
Inseln wird die Feudal-
herrschaft abgeschafft

**1902**
Spanische Truppen schlagen
lokale Unabhängigkeitsbewe-
gungen nieder

**1936**
Der Militärkommandeur der
Kanaren, General Franco, gibt
von Teneriffa aus das Zeichen
für den Beginn des spanischen
Bürgerkrieges

**Ab 1960**
Der beginnende Massentourismus und der dadurch entste-
hende Bauboom lösen auf den
größeren Inseln die Agrarwirt-
schaft (Bananen und Tomaten)
als Haupteinnahmequelle ab

**1982**
Die Kanaren erhalten eine
autonome Regierungsform

**1993**
Die Kanarischen Inseln
werden Teil der Europäischen
Gemeinschaft

*Palmen beschatten die Ermita de los Reyes im Valle Gran Rey*

nähert, der merkt oft erst beim Näherkommen, dass es verlassen ist – so gut sind die solide aus Naturstein gebauten Häuser noch in Schuss. Dreißig solcher aufgegebenen Dörfer gibt es auf der Insel. Sie erinnern daran, dass um die Mitte des 20. Jhs. zeitweise bis zu 50 000 Menschen auf Gomera lebten. Heute sind es noch knapp 16 000. Neben der bescheidenen Selbstversorgerwirtschaft auf kleinen Feldern fanden sie ihr Auskommen hauptsächlich als Arbeiter in den wechselnden Monokulturen: Vor den Bananen wurde großflächig Zuckerrohr und Wein angebaut. Immer, wenn eine solche Branche aufgegeben wurde, folgte eine Auswanderungswelle nach Venezuela oder Kuba. Die enge Verbundenheit mit diesen Ländern hat die Kultur auf Gomera stärker geprägt als das spanische Mutterland. Es

wundert deshalb nicht, dass Salsa und Merengue dem Lebensgefühl der Menschen auf der Insel entsprechen. Auch die Küche ist südamerikanisch beeinflusst.

Immer wieder überrascht die Insel mit der Vielfalt ihrer Naturschönheiten. Malerisch gelegene Stauseen oder ein Wasserfall am Ende eines durchstiegenen Bachlaufes bieten die Gelegenheit zu einem erfrischenden Bad. Schroffe Felslandschaften, in deren kargen Boden sich Kakteen mit orangefarbenen Früchten, Kandelaberwolfsmilch und Agaven krallen, wechseln sich hinter dem nächsten Bergrücken ab mit wasserreichen, lieblichen Tälern. Wie in einem subtropischen Naturgarten gedeihen dort Maulbeer- und Feigenbäume. Am auffälligsten sind aber die über hunderttausend Palmen, die auf Gomera wachsen. Sie beherrschen das Landschaftsbild.

Durch den Nationalpark Garajonay ziehen sich schmale Wanderwege. Dort sind die Schönheiten des uralten, verwunschen anmutenden Lorbeerwaldes am besten zu erleben. Doch Vorsicht! Der modrige Geruch von feuchter Humuserde, das plötzliche Aufheulen von Windböen in der ansonsten absoluten Stille der einsamen Waldlandschaft und das in gespenstische Nebel getauchte, bizarre Geäst der mächtigen Baumkronen können einen schon das Gruseln lehren. Nicht umsonst vermuten die Einheimischen an Orten wie der Laguna Grande die Versammlungsplätze der Hexen. Bis heute sind solche Relikte des Naturglaubens im Alltagsleben der Gomeros gegenwärtig. Eine wichtige Rolle spielten die Heilerinnen, *curanderas,* die bis in die jüngste Vergangenheit mit Gebeten, Heiligenbeschwörungen, magischen Ritualen und Kräutern an Kranken Wunderheilungen bewirkten. Die letzte auch Fremden zugängliche Heilerin wohnte am Fuß des mächtigen, wind- und wolkenumtosten Tafelbergs Fortaleza. Der galt bei den Ureinwohnern als spiritueller Mittelpunkt der Insel und war Sitz ihrer Priester.

Die Herkunft der Urbevölkerung ist umstritten. Eine Theorie spricht von mehreren unabhängigen Einwanderungswellen verschiedener Volksstämme aus dem Mittelmeerraum ab etwa 3000 v. Chr., eine andere datiert die erste Besiedelung durch nordafrikanische Berber auf 500 v. Chr. Nach der europäischen Wiederentdeckung der Inseln gingen viele Zeugnisse des ursprünglichen Lebens verloren oder wurden vernichtet, und das wenige Erhaltene ist oft widersprüchlich. Die Eroberung durch die Spanier Ende des 15. Jhs. bedeutete für die Überlebenden das abrupte Ende ihrer Kultur und ihrer Sprache.

Gomera vereinigt die unterschiedlichsten Klimazonen auf engstem Raum: den regenreichen Norden, das oft nebelverhangene Hochland und den wüstenähnlich trockenen Süden. Alles liegt so dicht beieinander, dass Sonnenanbeter am Strand und nebelfeuchte Wanderer in Regenkleidung häufig nur eine Viertelstunde Autofahrt voneinander trennt.

Der Wind spielt auf Gomera eine besonders wichtige Rolle, denn dafür, dass die zahlreichen Quellen nicht versiegen und der Wald nicht austrocknet, sorgt der fast ständig wehende Nordostpassat, der an den Gebirgshängen des Nordens anbrandet und dort zu Wolken und Nebel kondensiert. Aus den Schwaden kämmen Lorbeerbäume und Kiefern die Feuchtigkeit, die sie an den Boden weitergeben und so die Insel mit Wasser versorgen.

Häufig bildet der Passat eine dünne Wolkenschicht, die wie ein weißes Tuch zwischen den Inseln schwebt und die die Einheimischen *Mar de las Nubes* nennen, das Wolkenmeer. Von der Kuppe des 1487 m hohen Garajonay sehen die Gipfel von Teneriffa, Gran Canaria, La Palma und Hierro dann aus, als würden sie in einem Meer von Watte treiben. Wo diese Wolkenfelder über den Rand eines Bergkammes quellen und von Fallwinden in die Tiefe mitgerissen werden, bilden sich Wolkenwasserfälle.

Eindrucksvoll fließen sie als ein ruhiger, breiter Strom die Flanken der Täler hinunter und schmelzen bald unter den Strahlen der Sonne dahin, lösen sich in Nichts auf.

Zusammen mit dem kühlen Kanarenstrom sorgt der Nordostpassat für eine ganzjährig stabile Wetterlage. Genau das Richtige für sonnenhungrige Touristen, denn die freuen sich auch in den Wintermonaten über das milde Klima eines ewigen Frühlings. Die Temperaturen liegen im Durchschnitt bei 16–20 und im Sommer bei milden 18–25 Grad. Extreme Wetterlagen wie heißer Wüstenwind, sehr kalte Nordwinde oder der oft als Unwetter daherkommende Südwind trüben das Urlaubserlebnis nur selten.

Das landwirtschaftliche Zentrum im reicheren Norden bietet mit alten Kirchen, schmucken Herrenhäusern, Stätten traditionellen Kunsthandwerks und dem Inselmuseum auch etwas für Kulturinteressierte. Eine Weinprobe in einer Winzergenossenschaft oder der Besuch der alten Gofiomühle, wo beim Mahlen gerösteter Mais- und Getreidekörner wunderbare Düfte entstehen, gehören ebenfalls für viele zum Programm.

Der Süden der Insel ist gut abgeschirmt durch die Wetterscheide der Berge und deshalb karg und trocken. Selbst im Winter regnet es sehr selten. Dass es trotzdem nicht zu heiß wird, dafür sorgen das ganze Jahr über laue Fallwinde und das – mit durchschnittlich nur 20 Grad – kühle Wasser des Atlantiks.

Der Süden ist auch Stammsitz der norwegischen Reederfamilie Olsen, die hier seit Generationen lebt und die touristische Entwicklung maßgeblich beeinflusst hat. Als Mitte der siebziger Jahre eine staatliche Fährgesellschaft nach nur neun Monaten den Betrieb zwischen Gomera und Teneriffa wegen mangelnder Rentabilität einstellte, setzten sie, ohne Rücksicht auf rote Zahlen, eine eigene Fähre ein. So bewahrten sie die Insel davor, wieder in jene alten Zeiten zurückzufallen, als sie nur mit einem klapprigen Postboot zu erreichen war. Sechs bis acht Stunden brauchte der alte Kahn damals bis nach Teneriffa. Bei Wind und Wetter mussten die Passagiere an Deck bleiben, und ab und zu trieb das Boot mit Maschinenschaden auf hoher See.

Ohne Zweifel gibt es Widerstände gegen den mächtigen ausländischen Investor, doch die positiven Seiten seines Engagements sind nicht zu übersehen. Die am Rand der Steilküste von Santiago in einem subtropischen Garten gelegene dezentrale Hotelanlage und stilvoll renovierte Häuser im Weiler Benchijigua gehören zu den gelungensten touristischen Unternehmen der Insel. Außerdem haben die Olsens auf ihrer Versuchsfarm gezeigt, dass auch 30 der ansonsten üblichen 400 l Wasser ausreichen, um 1 kg Bananen zu produzieren.

Wasserprobleme hat das im Südwesten gelegene und als Aussteigerparadies berühmt gewordene Valle Gran Rey, das Tal des großen Königs, nicht. Dank ergiebiger Quellen konnten hier Terrassenfelder entstehen, wie sie ansonsten auf den Kanarischen Inseln nicht gibt.

Ein kleiner touristischer Boom hat im Delta des Tals in den letzten Jahren viele Apartmenthäuser und Hotelanlagen entstehen lassen. Doch dank strenger Bebauungsvorschriften haben die Häuser meist nur ein Stockwerk und sind meist von einer ansprechenden Architektur. Ein Reiz des Tals liegt in dem bunten Nebeneinander der unterschiedlichsten Menschen. Da gibt es Hippies, die in Höhlen wohnen, Aussteiger, die hier ein Geschäft gegründet haben, und Esoteriker jeder Couleur. Die größte Gruppe aber bilden individuell Reisende, die sich vor Ort in die zahlreichen Unterkünfte einmieten, und eine ständig wachsende Zahl von unternehmungslustigen Pauschaltouristen.

Einen Eindruck davon, wie das alltägliche Leben vor der Entwicklung des Tourismus aussah, vermittelt ein Besuch der alten Bergdörfer im Hochland. In den Ortschaften Chipude oder El Cercado sind viele Traditionen noch lebendig. Wie aus einem Bilderbuch wirken die idyllisch in der Gebirgslandschaft gelegenen Weiler mit alten Natursteinhäusern, umgeben von terrassierten Gemüsefeldern. Die werden von den Bauern auch heute noch in mühevoller Arbeit mit der archaischen Schaufelhacke bestellt. Dabei begleiten sie Esel und Maultiere, im unwegsamen Gelände immer noch das ideale Transportmittel.

Ein interessanter Anlaufpunkt sind die Werkstätten der Töpferinnen aus El Cercado, die sich gerne bei ihrer Arbeit zuschauen lassen. Die Frauen können gut leben von ihrer Arbeit, denn Sie sind eine der wichtigsten touris-

*Töpferin in El Cercado*

tischen Attraktionen der Insel und werden regelmäßig von Reisebussen angesteuert.

In den einfachen Kneipen der Bergdörfer stehen noch die Gerichte der traditionellen kanarischen Küche auf der Karte wie Ziegenfleisch, Kaninchen, deftige Eintöpfe und exotische Nachtische mit köstlichem Palmenhonig, der aus Guarapo, dem Saft der Palmen, gewonnen wird.

Viele zieht es nach einem Ausflug in die Berge am Abend an die Playa del Inglès im Valle Gran Rey. Denn die wilde Felslandschaft des etwas abseits gelegenen Strandes ist eine ideale Kulisse für Sonnenuntergänge. Meist überzieht ein goldener Schimmer das Meer, und die Wolken färben sich vor einem immer noch hellblauen Himmel hin in leuchtendes Orangerot. Die Nachbarinseln La Palma und Hierro liegen dann scheinbar zum Greifen nahe – wie Schattenrisse im abendlichen Dunst.

# Spannende Vielfalt einer Inselkultur

*Von Bananen, Guanchen, Kolumbus und einer erstaunlichen Pfeifsprache*

### Bananen

Ende des 19. Jhs. wurden im Norden Gomeras die ersten Bananen, *plátanos*, gepflanzt. Sie lösten das bis dahin in Monokultur gehaltene Zuckerrohr ab, dessen Anbau zunehmend unrentabel geworden war. Lange Jahre erzielten die Plantagenbesitzer mit einer kleinen und wohlschmeckenden Sorte gute Profite. Doch seit einigen Jahrzehnten macht ihnen die Konkurrenz aus Südamerika mit wesentlich größeren und billigeren Früchten schwer zu schaffen. Nur rigide Strafzölle und Einfuhrbeschränkungen der EU gegen Erzeugnisse aus Drittländern halten die hochsubventionierte kanarische Banane noch am Leben.

### Fauna

Von wildlebenden Landsäugetieren existieren auf Gomera und Hierro nur wenige Arten, und diese sind größtenteils im Laufe der Besiedelung vom Menschen eingeschleppt worden: Wildkaninchen, Hausratten, Haus- und

*Damit der Honig fließt, werden die Palmen beschnitten*

Fledermäuse. Häufig dagegen sind Reptilien, angeführt von der bis zu 70 cm großen Hierro-Riesenechse, der fast schwarzen Kanareneidechse und dem farbenfroh glänzenden Kanarenskink. Zu den nur auf den Kanaren vorkommenden (endemischen) Reptilien gehören die nachtjagenden Geckos, die mit ihren saugnapfartigen Fingern auch an der Zimmerdecke entlanglaufen können.

Die artenreichste und vielfältigste Wirbeltiergruppe der Inseln stellen die Vögel mit 68 hier nistenden und über 240 lediglich durchziehenden Arten. Zu den auf Gomera und Hierro brütenden Vögeln gehört neben den in Nordeuropa bekannten Arten wie Turmfalke, Kolkrabe, Blaumeise, Rotkehlchen und Amsel auch der unscheinbar grünbraune Kanarienvogel. Aus diesem werden die verschiedenen, oft zitronengelben Haustierrassen gezüchtet. Endemisch auf Gomera sind die Lorbeertaube und eine Unterart des Zilpzalp, ein sehr häufiger, wenn auch unauffälliger Vogel.

Die wirbellosen Landtiere sind durch einige auffällige Insekten wie den Monarchfalter, den Nashornkäfer oder die Gottesanbeterin vertreten.

## Flora

Wenige Orte auf der Welt weisen eine Natur wie Gomera auf, wo sich wahre ökologische Schätze mit prähistorischem Charakter verbergen.

Mehr als zweitausend Pflanzenarten gedeihen in den fünf verschiedenen Vegetationsstufen der Insel, unter ihnen siebenhundert endemische, d. h. nur hier heimische. Die erste Stufe bildet der Lorbeerwald mit Baumheide-Buschwäldern im Zentralmassiv, der nach Süden in Kanarenkiefernwälder übergeht. In Richtung Küste schließen sich der Thermophile Buschwald, der Sukkulentenbusch und die Küstenvegetation an.

Den Nationalpark Garajonay bevölkern mehr als 20 Baum- und 18 Farnarten. 120 Pflanzenarten im Unterholz bilden zusätzlich eine besondere Pflanzenvielfalt. Typisch sind verschiedene Lorbeerarten, Baumheide, Kanarenstechpalme, mannshohe Farne, der unvergleichlich duftende Kanaren-Zitronenstrauch und auch die nur in Gomera vorkommende gelb blühende Gomera-Teline.

Ein Großteil der Thermophilen Buschwälder wurde früher abgeholzt und das Land urbar gemacht, wodurch größere Flächen dieses Vegetationstyps nur in wenigen abgelegenen, schwer zugänglichen Tälern zu finden sind. Typisch für die ursprüngliche Vegetation sind der Kanarenwacholder, die Atlantische Pistazie, der Kanarenölbaum und die endemische Kanarenmargerite.

Auf Gomera existiert auch ein Exemplar des sagenumwobenen Kanarischen Drachenbaums *drago,* einer Lilienart, die mehrere hundert Jahre alt werden kann.

Der Sukkulentenbusch wird geprägt durch die Kanarenwolfsmilchgewächse, unter ihnen auch die Gomeraendemiten Lambs und Bravos Wolfsmilch. Der früher zur Cochenillezucht

*Gomeras einziger Drachenbaum in der Nähe von Agalan*

eingeführte Feigenkaktus, dessen Früchte essbar sind, ist gut an die geringen Niederschläge in dieser Vegetationsstufe angepasst und häufig zu finden.

Die Küstenvegetation wird von Pflanzen dominiert, die mit extrem wenig Wasser auskommen und einem hohen Salzgehalt durch die Gischt standhalten können. Vorrangig sind, neben der Nymphendolde, der Kammförmige Strandflieder und das Orotava-Salzkraut.

In den Gärten finden Sie eine Blumenpracht aus Bougainvillea, übermannshohem Weihnachtsstern, Hibiskus, Goldkelch, Feuerranke und vielen anderen prächtigen Gewächsen, die Ihnen zum Teil als Zimmerpflanzen vertraut sind, die Sie wegen ihrer beachtlichen Größe hier aber kaum wieder erkennen werden.

## Flughafen

Kein Thema hat Einheimische wie Touristen in den letzten Jahren so beschäftigt wie der Flughafen. Für viele Gomeros war der Bau schon fast eine Frage der Ehre, denn bereits seit 1970 gibt es auf der kleineren Nachbarinsel Hierro einen Flugplatz. Nichtsdestoweniger sahen Gomerafans ihr kleines Urlaubsparadies durch einschwebende Jets in seiner Ursprünglichkeit bedroht. In der deutschen Presse wurde das Schreckgespenst des Massentourismus beschworen. 1991 machten dann EU-Gelder die Finanzierung möglich, doch erst 1999 wurde der Flughafen fertig gestellt. Theoretisch könnten jetzt Jets hier landen, allerdings nur mit Sondereinweisung der Piloten und mit Tankstopp auf Teneriffa. Doch Gomerafans

können aufatmen. Erneute Anträge für die Genehmigung eines internationalen Airports wurden sowohl von Madrid als auch von Brüssel strikt abgelehnt. Ausschlaggebend sind neben Sicherheitsfragen die unverhältnismäßig hohen Kosten für das Betreiben eines solchen Flughafens.

So werden die Urlauber auch weiterhin mit dem Schiff auf die Insel reisen, denn der einstündige Transfer vom Südflughafen Teneriffas zum nationalen Flughafen Los Rodeos im Norden und das erneute Einchecken dort sind zu umständlich und zeitraubend.

## Guanchen

Nachweislich waren die Kanarischen Inseln bereits im 5. Jh. n. Chr. besiedelt. Woher die Ureinwohner kamen, ist bis heute ungewiss. Am wahrscheinlichsten ist die Theorie, dass sie vom nahen afrikanischen Festland aus übersetzten. Dafür sprechen auch die Übereinstimmungen gefundener Schriftzeichen mit dem Alphabet afrikanischer Berberstämme. Der Name Gomera weist große Ähnlichkeiten mit dem Namen des marokkanischen Berbervolkes Ghomara auf. Allgemein werden die Altkanarier als Guanchen bezeichnet, auf Hierro nannten sie sich *Bimbaches*. In der Abgeschiedenheit der kanarischen Inselwelt verharrten sie auf einem steinzeitlichen Niveau. Sie lebten in Stämmen zusammen, die von einem König geleitet wurden, waren Hirten und Sammler und betrieben in begrenztem Maße Fischfang in Ufernähe. Über seetüchtige Schiffe verfügten sie nicht, benutzten aber einfache Einbäume. Metall und das Rad waren ihnen unbekannt, und sie lebten in Höhlen und Wohngruben. Die mit 1,70 m verhältnismäßig großen Menschen trugen Tierfelle und die Männer zottelige Bärte. Verehrt wurde auf jeder Insel nur eine Gottheit. Auf Gomera hieß sie *Orahan,* auf Hierro *Moneyba.* Für Feste zu Ehren des Gottes wurden Ziegen und Schafe geschlachtet, zu den Klängen von Trommeln und Flöten getanzt, und der altkanarische Ringkampf *Lucha Canarias* ausgetragen. Die heutigen Fiestas tragen noch deutliche Spuren dieser lebensfrohen Götterverehrung.

Die Eroberung durch die spanischen Konquistadoren im 15. Jh. setzte dieser einfachen und wohl auch sehr friedlichen Kultur ein jähes Ende. Zwar wehrten sich die Ureinwohner tapfer gegen die Eindringlinge, doch mit ihren primitiven Steinwaffen hatten sie auf die Dauer keine Chance gegen die gut gerüsteten Angreifer. Einige Stämme zogen sich in die unwegsamen Berge zurück, wurden aber durch Verrat und Überlistung besiegt. Viele wurden getötet oder als Sklaven verkauft. Der Rest ging christianisiert in der Kultur der Besatzer auf. Nur Grabhöhlen, Feuerstellen und Felsinschriften sind als spärliche Zeugnisse der Guanchenkultur erhalten geblieben.

Auch die ungenauen und oft verfälschten Berichte der Eroberer lassen nur sehr vage Schlüsse zu.

## Christoph Kolumbus

Ein (aus heutiger Sicht) einschneidendes historisches Ereignis für die kleine Insel war der Besuch des Seefahrers Christoph Kolumbus 1492. Auf seinem vermeintlichen Weg nach Indien machte er hier ein letztes Mal Station, um Wasser, Feuerholz und Lebensmittel für die lange Überfahrt an Bord zu nehmen.

Als 1992 die 500-Jahr-Feier der Entdeckung Amerikas stattfand, ankerte im Hafen von San Sebastián eine imposante Flotte von Schulschiffen aus aller Welt und erwies der Kolumbusinsel ihren Respekt.

Auch eine Liebesaffäre soll der Seefahrer auf Gomera gehabt haben. Ob er sich tatsächlich mit der schönen und grausamen Herrscherin der Insel, *Beatriz de Bobadilla,* in deren Wehrturm *Torre del Conde* zum Techtelmechtel zurückgezogen hat, darüber lässt sich heute nur noch spekulieren.

## Palmen

Keine andere Pflanze prägt das Bild der Insel so wie die kanarische Dattelpalme. Ihr verdankt Gomera seinen Ruf, ein kleines

Paradies auf Erden zu sein. Registriert wurden 120 000 Palmen, das sind mehr als auf allen anderen Kanarischen Inseln zusammen. Begünstigt durch den Wasserreichtum und durch strenge Gesetze geschützt, sind sie überall auf der Insel zu finden.

Für die Gomeros war die vielseitige Nutzpflanze schon immer ein wertvoller Besitz. Die Datteln wurden an die Schweine verfüttert und die abgeernteten Fruchtstände zu Besen zusammengebunden. Die gehäckselten Palmwedel dienten als Ziegenfutter, und die aufgespleißten Mittelstege fanden beim Korbflechten Verwendung. Vor allen Dingen aber liefern sie den süßen und wohlschmeckenden Palmensaft *Guarapo*.

Palmen, die gerade gemolken werden, sind leicht zu erkennen an der deutlich beschnittenen Krone und den Metallringen um den Stamm, die die Ratten am Hinaufklettern hindern sollen.

Ungefähr sieben Wochen lang werden die Schnittflächen offen gehalten. In dieser Zeit gibt der Baum 700 l wohlschmeckenden Saft ab, der aber leider nur einige Stunden haltbar ist und deshalb schnell eingekocht werden muss. Der so entstandene Sirup findet als *miel de palma* in der gomerianischen Küche und als Bestandteil alkoholischer Mixgetränke Verwendung.

### Passatwinde

*Vientos alisios* werden sie liebevoll von den Einheimischen genannt, denn zusammen mit dem 22 Grad kalten Kanarenstrom sind sie die Garantie für eine stabile Wetterlage. Sie bescheren den Inseln, die nur ein paar hundert

*Ziegen erhielten früher häufig zerkleinerte Palmwedel als Nahrung*

Kilometer vom heißen Nordafrika entfernt liegen, einen ewigen Frühling und das wohl beste Klima der Welt. Ihren Ursprung haben die Passate am Äquator, wo die senkrecht stehende Sonne die Luftmassen derart erwärmt, dass sie bis in große Höhen aufsteigen und nach Norden und Süden abfließen. Auf ihrem Weg nach Norden kühlen sie ab, sinken dadurch in geringere Höhen und fließen von dort zum Tiefdruckgebiet am Äquator zurück. Die unteren Luftschichten nehmen dabei vom Meer Feuchtigkeit auf. An den Berghängen des Nordens werden die feuchtkalten Luftmassen dann zum Aufsteigen gezwungen, verwirbeln mit den wärmeren höheren Luftschichten und kondensieren. Als Passatnebel befeuchten sie die Nordhänge der Insel, und als Passatwolken sorgen sie im Winter für den nötigen Regen. Nur in den Wintermonaten werden sie ab und zu von kälteren Nordwinden abgedrängt, die dann auch im ansonsten durch die Berge geschützten und wolkenlosen Süden für kaltes und nasses Wetter sorgen. Im Sommer setzen sich manchmal warme, trockene Luftmassen aus der Sahara durch, die als extrem heftiger Wind (Schirokko, Levante) Teile der Insel in eine bis zu 50 Grad heiße Freiluftsauna verwandeln und rötlichen Sand mitbringen.

Doch das ist die Ausnahme. Normalerweise weht das ganze Jahr über ein sanfter Nordostpassat, dessen Verlässlichkeit bereits Kolumbus für seine Überfahrt nach Amerika nutzte.

## El Silbo

Die von unzähligen tiefen Schluchten durchzogene Bergwelt Gomeras hat eine Kommunikation hervorgebracht, die einmalig ist auf der Welt. Um sich über die tiefen Barrancos und Täler hinweg verständigen zu können, entwickelten die Ureinwohner eine Pfeifsprache, die durchdringender ist als das gesprochene Wort und bei günstigen Windverhältnissen bis zu 6 km weit gehört werden kann. In Notfällen konnte so Hilfe herbeigepiffen werden, und neben Klatsch und Tratsch ließen sich wichtige Nachrichten innerhalb von Stunden über die ganze Insel verbreiten. Als Francotruppen in Gomera einmarschierten, diente El Silbo als Geheimsprache für den Widerstand.

Gepfiffen wird die spanische Sprache. Tonhöhe und Länge des Pfiffs modulieren die unterschiedlichen Silben. Dabei wird der abgeknickte Zeigefinger in den Mundwinkel gelegt und die Zunge nach hinten gebogen. Die andere Hand bildet einen Schalltrichter. Die sehr hohen Tonlagen erinnern an das Zwitschern von Kanarienvögeln. Nur noch selten hört man heute die markanten Pfiffe in der Bergwelt von Gomera. Denn die Generation der Gomeros, die diese Sprache in ihrem alltäglichen Leben noch praktiziert hat, stirbt langsam aus. El Silbo wurde deshalb von der Unesco zum schützenswerten Kulturgut der Menschheit erklärt. Die Schulen bieten mittlerweile El Silbo als Wahlfach an, und 1999 wurde ein erster Wettbewerb der Pfeifkünstler ins Leben gerufen.

## Terrassenfelder

Die zerfurchte Topographie Gomeras und damit verbunden die Knappheit an Anbauflächen zwang die Bauern schon immer, überall auf der Insel Terrassenfelder anzulegen. Dazu wurden in mühevoller Arbeit große Lesesteine aufeinander geschichtet und ohne Mörtel ineinander verkeilt. So entstanden bis zu 4 m hohe Terrassenmauern, teilweise wahre Meisterwerke der Baukunst. Besonders im Valle Gran Rey ist eine Terrassenlandschaft zu bestaunen, die ihresgleichen sucht auf den Kanaren. Die Enge des Tals zwang seine Bewohner, die Terrassen bis in schwindelnde Höhen in die Geröllhalden zu Füßen der Steilwände zu bauen. Zwischen den Feldern verlaufen die Bewässerungskanäle, die nach einem ausgeklügelten System das Wasser verteilen.

Die Zahl der Menschen, die bereit sind, in mühevoller Arbeit die Terrassenfelder zu bestellen, wird immer geringer. Die

*Das Wasser aus den Quellen von Epina soll magische Kräfte haben*

Jugend wandert nach Teneriffa ab, wo mittlerweile mehr Gomeros leben als auf Gomera selbst. Besonders die hochgelegenen Felder wurden bereits vor vielen Jahren aufgegeben und sind nur noch rudimentär zu erkennen.

## Wasser

Wasser ist ein knappes Gut auf den Kanarischen Inseln. Aufwändig müssen Stollen in die Berge gebohrt werden, um an die Wasservorräte im Inneren zu gelangen. Tiefbrunnen und Wasserentsalzungsanlagen kosten eine Menge Geld. Allein Gomera verfügt über ausreichend Wasser aus natürlichen Quellen.

In den Wäldern der Gebirgsregion sind es neben dem Lorbeerwald vor allem die Kiefern, die mit ihren langen Nadeln die Feuchtigkeit aus den Passatwolken kämmen und sie langsam an den Boden abgeben. Geologisch günstige Formationen sorgen dafür, dass das Wasser nicht einfach versickert, sondern durch natürliche Galerien zu den jeweiligen Quellen geleitet wird. Begünstigt sind besonders die Täler im Norden der Insel und vor allem das Valle Gran Rey, durch dessen oberen Talabschnitt das ganze Jahr über ein kleiner Bach fließt. Von hier wird es in Tanks geleitet und läuft dann durch Bewässerungsgräben auf die Felder. Zusätzlich wird noch Regenwasser in einigen Stauseen aufgefangen.

Wasserknappheit gab es nur zu Zeiten, als über 30 000 Menschen auf Gomera lebten. Als dann noch Großgrundbesitzer die bis dahin wegen häufiger Piratenüberfälle gemiedenen Taldeltas mit Monokulturen bepflanzten und dafür viel Wasser benötigten, kam es zum sogenannten Wasserkrieg. Nach einigen tätlichen Auseinandersetzungen einigte man sich darauf, das Wasser zu teilen. Nachts gehört es jetzt dem oberen Tal und tagsüber rauscht es Richtung Küste.

# Frischer Fisch und scharfe Soßen

*Die Ziege vom Hirten, das Gemüse vom Bauern und der Thunfisch vom Kutter: Die kanarische Küche ist einfach und gut*

Die traditionelle Küche der Kanarischen Inseln ist einfach und bodenständig. Fast täglich gab es deftige Eintopfgerichte, in denen alles landete, was die Selbstversorgerwirtschaft hergab: Kichererbsen, Mais, Kürbis, Kohl, süße Kartoffeln. Angedickt wurde mit dem nahrhaften, ballaststoffreichen *gofio*, einem Mehl aus geröstetem Getreide und Mais. Eintöpfe wie *puchero* oder *ropa vieja* kommen heutzutage nur noch im Kreis der Familie oder in wenigen Kneipen in den Bergdörfern auf den Tisch. Dort gibt es auch noch köstliche Kressesuppen (*potaje de berro*) oder gehaltvolle Gemüsesuppen (*potaje de verdura*).

Gewürzt wird mit pikanten Soßen, der grünen *mojo verde* und der roten *mojo rojo*. Für die grüne *mojo* werden Knoblauch und Koriander im Mörser zerstoßen und mit Öl verrührt. Grundlage für die scharfe rote *mojo* sind Chilischoten.

Liebhaber von frischem Fisch und anderen Meerestieren kommen voll auf ihre Kosten. Riesenzackenbarsch (*cherne*), Seehecht (*merluza*), Zahnbrasse (*pargo*), Papageienfisch (*vieja*) sind einheimische Fische und besonders zu empfehlen. Ebenso Thunfisch (*atun*), Calamares (*chocos*) und Krabben in Knoblauchöl (*gambas al ajillo*). Die traditionellen Nachspeisen werden oft mit *miel de palma*, dem aus Palmensaft gewonnenen Sirup, zubereitet.

Kaffee gibt es in mehreren Variationen: neben dem Espresso (*café solo*) den kleinen Kaffee mit Kondensmilch (*cortado*), manchmal zusätzlich mit frischer Milch (*cortado leche leche*), oder den großen Milchkaffee (*café con leche*).

Der Inselwein vom Fass (*vino del pais*) schmeckt kräftig herb. Kultivierte Flaschenweine kommen aus dem Norden der Insel (Roque Cano) oder von den Nachbarinseln. Biertrinker haben die Wahl zwischen einem kleinen gezapften Bier (*cana*) oder dem großen Humpen (*jarra*) und Flaschenbier (*botella*). Freunde des Hochprozentigen probieren den selbstgebrannten Tresterschnaps (*parra*), der zusammen mit *miel de palma* als Mixgetränk (*gomerón*) für Kopfschmerzen sorgt.

*Traditionelles Inselgebäck*

# Bauernmarkt und Töpferei

*Ob Bio-Gemüse, Lederschuhe nach Maß oder im Holzfeuer gebrannte Tonkrüge: Naturprodukte sind in auf Gomera*

In vielem hat sich Gomera das rechte Maß bewahren können. Das gilt auch für das Einkaufen: Zwar hat sich in den letzten Jahren so mancher Tante-Emma-Laden zu einem kleinen Supermercado gemausert. Doch immer noch überwiegt eine angenehme und persönliche Atmosphäre in den Geschäften. Oft sprechen die Verkäufer nur wenig Englisch oder Deutsch. Kunden, die ein bisschen Spanisch sprechen, haben es deshalb meist etwas leichter. Aber auch die Verständigung über Zeichensprache ist kein Problem.

Keinesfalls versäumen sollten Sie den Besuch des *Bauernmarktes* in San Sebastián. Im Schatten riesiger Lorbeerbäume herrscht an der Plaza einmal wöchentlich ein buntes Treiben. Vor allem Gemüse und Obst aus biologischem Anbau sind hier gefragt. Und natürlich frischer Ziegenkäse. Blütenweiß, weich und mild, so schmeckt er am besten. Ein schönes Souvenir ist auch ein

Glas Palmenhonig *(miel de palma)*, der aus dem Saft der Palmen gewonnen wird. Oder eine Flasche selbstgemachter Kräuterlikör *(Montanero)*, der aber fast nur in den Bergdörfern erhältlich ist.

In den Bergen und im Norden der Insel ist teilweise noch das traditionelle Handwerk lebendig. Die freundlichen Töpferinnen von El Cercado brennen ihre einfachen, aber ansprechenden Tonformen im Holzfeuer und beraten ihre Kunden ausführlich.

Typische Lochstickereien und gewebte Decken werden in Kunsthandwerksgeschäften *(Artesania)* verkauft. Dort kann man neben allerlei Kitsch auch handgemachte Trommeln *(tambores)* und aus hartem Holz geschnitzte, riesige Kastagnetten *(chacaras)* erstehen. Beide finden bei den Prozessionen als Musikinstrumente Verwendung.

In der Lederwerkstatt im Valle Gran Rey werden zu günstigen Preisen Schuhe nach Maß gefertigt. Art und Farbe des Leders und die Form bestimmt der Kunde. Passend dazu werden Gürtel und schöne Lederhandtaschen angeboten.

*Palmenhonig in verschiedenen Gefäßen – entscheidend ist der Inhalt*

# Heilige Feste und heiße Rhythmen

*Bei den stimmungsvollen Volksfesten rund ums Jahr begeistern bunte Folklore und flotte Salsabands*

## GESETZLICHE FEIERTAGE

1. Januar, *Ano Nuevo (Neujahr);* 6. Januar, *Los Reyes (Heilige Drei Könige);* 19. März, *San José; Gründonnerstag; Karfreitag;* 1. Mai, *Dia del trabajo (Tag der Arbeit);* 30. Mai, *Dia de Canarias (Tag der Kanarischen Inseln);* 25. Juli, *Santiago (Schutzpatron);* 15. August, *Asunción (Mariä Himmelfahrt);* 12. Oktober, *Dia de la Hispanidad (Entdeckung Amerikas);* 1. November, *Todos los Santos (Allerheiligen);* 6. Dezember, *Dia de la Constitucion (Tag der Verfassung);* 8. Dezember, *Inmaculada Concepción (Mariä Empfängnis);* 25. Dezember, *Navidad (Weihnachten)*

## LOKALE FESTE

### Februar/März
*Karneval,* San Sebastián und Valle Gran Rey.

### April
25. April: *San Marcos,* Agulo

### Mai
Mitte Mai: *San Isodoro,* Fiestas in Alajero und Chorros de Epina

*Gelegenheit zur Freude gibt es oft*

### Juni
13.–29. Juni: *Los Piques* in Agulo, mit Silbo-Wettbewerb
24. Juni: *San Juan,* Fiestas in vielen Orten

### Juli
16. Juli: *Fiesta de la Virgen del Carmen.* Wichtiges Fest zu Ehren der Schutzpatronin der Fischer im Hafen des Valle Gran Rey
Letzter Samstag: *Nuestra Señora del Pino,* El Cercado

### August
5. Aug.: *Virgen de Las Nieves,* La Dama
15. Aug.: *Nuestra Señora de Candelaria,* Chipude

### September
11. Sept.: *Nuestra Señora de Buen Paso,* Alajeró, mit Wallfahrt
24. Sept.: *Fiesta de la Mercedes,* Agulo

### Oktober
31. Okt.: *Fiesta de los Cochinos,* Alojera

### November
30. Nov.: *San Andres,* Vallehermoso, Hermigua, Agulo. Weinfest, Proben des neuen Weins

# Die sonnige Seite bietet nicht nur Badefreuden

*Die Terrassenlandschaften des Valle Gran Rey, traditionsreiche Bergdörfer, malerische Häfen und ein Meer von Palmen im ewigen Frühling*

Die Hauptstadt *San Sebastián* bildet zusammen mit dem Fährhafen das Zentrum der Ostküste. Im Flussdelta des mächtigen *Barranco de la Villa* gelegen, ist sie der einzige zugängliche Ort in einer schroffen, unwirtlichen Steilküste mit unwegsamen Schluchten und Meeresbuchten. Interessant

*Einzigartige Terrassenkultur im Valle Gran Rey*

sind die kulturellen Sehenswürdigkeiten der Hauptstadt und die nahe, malerische Schlucht von *La Laja,* mit Stauseen, Orangenhainen und schmucken Bergdörfern. Beliebtes Wandergebiet sind die einsamen Höhen des *Enchereda-Gebirges* im Nordwesten von San Sebastián.

Von der Hauptstadt aus erreichen Sie den Süden der Insel über die *Carretera del Sur* in einer Stunde. Die regenarme und

---

### Hotel- und Restaurantpreise

**Hotels**
*Kategorie 1:* über 6500 Ptas
*Kategorie 2:* 4000–6500 Ptas
*Kategorie 3:* 2000–4000 Ptas

Preise für zwei Personen im Doppelzimmer. Für Einzelzimmer wird ein Aufschlag erhoben. Bei Hotels der Kategorie 1 ist das Frühstück für gewöhnlich inklusive.

**Restaurants**
*Kategorie 1:* 1500–2000 Ptas
*Kategorie 2:* 1000–1500 Ptas
*Kategorie 3:* unter 1000 Ptas

Preise für ein Hauptgericht ohne Getränke.

**Wichtige Abkürzungen**
**Avda.** Avenida    **Ctra.** Carretera
**C/.** Calle    **Ptas** Pesetas

---

# MARCO POLO TIPPS FÜR DIE SÜDHÄLFTE

**1 Benchijigua/Lo del Gato**
Traditionelle Bergdörfer in der faszinierenden Schluchtenlandschaft des Barranco de Benchijigua (Seite 31, 32)

**2 Drachenbaum von Agalán**
Uralter, legendärer Drago in einem lieblichen Tal oberhalb von Alajeró (Seite 32)

**3 Pastrana**
Gebirgslandschaft und fruchtbares Tal (Seite 32)

**4 Barranco de las Lajas**
Herrliche Schlucht nahe San Sebastián, mit malerischen Stauseen und urigen Bergdörfern (Seite 38)

**5 Casa de Colón**
Historisches Gebäude aus dem 17. Jh. mit sehenswerten Ausstellungen zum Thema Kolumbus (Seite 34)

**6 Mirador de los Roques**
Aussicht auf die wilde Felskulisse der Basaltmonolithen, auf Wolkenwasserfälle und den Barranco de Benchijigua (Seite 38)

**7 Avalo-Bucht**
Windgeschütze, einsame Badebucht mit Palmenhainen (Seite 37)

**8 Aussichtspunkt Ermita de Santo**
Umwerfender Blick auf die wilde Gebirgslandschaft und den lieblichen Talgrund (Seite 48)

**9 Die Bergdörfer**
Traditionelle Küche, uralte Töpferkunst, Ackerbau und Viehzucht (Seite 48)

**10 Valle Gran Rey**
Terrassenfelder, Palmenhaine und Bananenplantagen (Seite 39)

karge Landschaft wird bestimmt von trockener Strauchvegetation und verwitterten Getreideterrassen. Auf den zum Meer hin steil abfallenden, tabakbraunen Bergrücken wirken die vereinzelten Palmengruppen, die Bananenpflanzungen und die grünen Gemüsefelder um die winzigen Weiler wie grüne Oasen.

## PLAYA DE SANTIAGO

**(113/F 5)** Der sonnenverwöhnte Küstenort mit mittlerweile 1850 Einwohnern besteht aus drei Ortsteilen: Der Playa de Santiago am Hafen, dem alten Ortsteil Laguna de Santiago inmitten von Blumengärten und Bananenfeldern und dem hochgelegene Weiler Tecina mit dem angeschlossenen Hotel Tecina.

Die Playa de Santiago ist entstanden aus dem alten Hafenviertel und hat ihr Erscheinungsbild in den letzten Jahren stark verändert. Eine moderne Geschäftspassage mit schicken Läden lädt zu einem Bummel an der neugestalteten Strandpromenade ein. In den zahlreichen

Restaurants sitzt man gemütlich direkt am kleinen Hafen und genießt die Aussicht und den frischen Fisch. Die Plaza Nuestra Señora del Carmen an der Hafenpromenade ist Mittelpunkt des dörflichen Lebens der Einheimischen und liegt in unmittelbarer Nähe der stillgelegten Fischkonservenfabrik Santa Rosalía, die einen kurzen Abstecher in die Vergangenheit wert ist.

## RESTAURANTS

### Bar-Café-Restaurante Tagaror

Sehr beliebtes kanarisches Lokal mit luftiger  Aussichtsterrasse direkt über dem Tal und mit Panoramablick auf Hafen und Meer. Reichhaltiges Angebot an Fisch-, Fleisch- und Nudelgerichten, Salaten, Tapas und Kuchen. *Tgl. 12–16 Uhr und 19–23 Uhr, Bar bis 1 Uhr, gegenüber der Einfahrt zum Hotel Tecina, C/. de Santiago Apóstol, Kategorie 2*

### Bar-Restaurante La Cuevita

In eine Naturhöhle gebautes Restaurant in rustikalem Stil direkt am Hafen. Das etwas höhere Preisniveau entspricht dem besonderen Ambiente. Spezialität: *Veja*, ein schmackhafter Papageienfisch. *Mo–Sa 12–23 Uhr, Hafenviertel, Avda. Maritima, Kategorie 2*

### Bar-Restaurante Orone

Herzhafte traditionelle und internationale Küche genießen Sie auf der gemütlichen, überdachten Terrasse. Blick auf Meer und Hafen, *tgl. 11.30–23 Uhr, Avda. Maritima 12, Kategorie 2*

### Bar-Restaurante Playa

Dieses Lokal zeichnet sich durch seinen stets freundlichen Service aus. Tapas und leckere kanarische Gerichte, Spezialitäten wie Thunfisch in Mandelsoße und Tintenfisch. Außentische auf der Promenade am Meer, *Di–So 12–17 und 19–23 Uhr, Avda. Maritima, Kategorie 3*

### Pizzeria Avenida

Lokal an der Strandpromenade mit großer Auswahl an Pizzas, aber auch Fisch und Steaks, *tgl. 12–22 Uhr, Avda. Maritima 37, Kategorie 3*

## EINKAUFEN

Geschäfte zum Bummeln finden Sie in der modernen Geschäftszeile der Avenida Maritima.

### Al Arado

Bietet spanisches und kanarisches Kunsthandwerk, Schmuck und Glasarbeiten. *Geschäft im Hotel Tecina, Lomada de Tecina*

*Playa de Santiago: langer Kiesstrand vor der neuen Promenade*

### Boutique El Flamingo

Eine kleine Boutique mit besonderem Charme liegt im Ortsteil Laguna. Kleider, Strandbekleidung, Schmuck, Taschen und Accessoires, *Mo–Sa 10–14 und 17–21 Uhr, C/. Santiago Apostól 68*

**HOTELS**

### Hotel Jardin Tecina

Elegantes Vier-Sterne-Clubhotel am Rand der Steilküste, gestaltet als weitläufige Anlage mit Bungalows im kanarischen Stil und eingebettet in eine üppig angelegte und gut gepflegte Grünanlage mit mehreren schönen Pools. Konzipiert als »kleines Dorf«, verfügt die Anlage über eine integrierte Shoppingmeile, Restaurants, Friseur, Sauna, Disko, Autovermietung, Kinderbetreuung auf Wunsch, einen Aufzug zum eigenen Strand mit Bar-Restaurant. Umfangreiches Sportangebot: 5 Tennisplätze, 2 Squashräume, Fitnessraum, Tauchschule. *434 Zimmer, Lomada de Tecina, Tel. 922 14 58 50, Fax 922 14 58 51, Kategorie 1*

*Das Clubhotel Jardin Tecina*

### Apartamentos Bellavista

Rosa gestrichenes freundliches Apartmenthaus in einer kleinen Nebenstraße mit Meerblick und großzügigen Zimmern mit Terrasse und Balkon. *8 Apartments, C/. Santa Ana 84, Kategorie 2*

### Apartamentos Noda

Modern ausgestattetes Haus in Hanglage, helle Zimmer mit Balkon und Meerblick. Die Apartments im oberen Stockwerk sind auf Grund der Aussicht sehr beliebt und werden oft lange im Voraus gebucht. *5 Apartements, Laguna de Santiago 73, Tel. 922 89 50 87, Kategorie 2*

### Apartamentos Tapahuga

Zweistöckiger gepflegter Neubau mit Marmorfliesen und Holzdekor, neben dem Hotel Tecina die beste Adresse in Playa de Santiago. Luxuriöse Zimmer, entweder zum Meer, auf die Berge oder zum atmosphärischen Innenhof, Swimmingpool auf der großräumigen Sonnenterrasse. Minimumaufenthalt 4 Tage. *32 Apartments, Avda. Maritima, Tel. 922 89 51 59, Fax 922 89 51 27, Kategorie 2*

### Pensión Gaviota

Pension mit freundlichen, sauberen Zimmern, zentral an der Plaza Nuestra Señora del Carmen gelegen. *10 Zi. mit Balkon, Avda. Maritima 34, Tel. 922 89 51 35, Kategorie 3*

**SPIEL UND SPORT**

### Baden

Baden ist in Santiago nur an Kiesstränden möglich. Hierzu bietet sich der lange Strand direkt an der Playa de Santiago oder die kleinere Bucht am Hafen an. Gegen eine Eintrittsgebühr sind auch der Pool und der Strand des zum Hotel Tecina gehörigen Club Laurel *(tgl. 8–22 Uhr)* nutzbar.

Wer abgelegene Buchten bevorzugt, dem werden die hinter dem Ortsteil Tecina gelegenen Strände gefallen, die *Playa de Tapahuga* und die *Playa del Medio*. Wenn Sie am Hotel Tecina vorbei der Küstenpiste bis ins Tal folgen, kommen Sie zur Playa de Tapahuga. Hier ist FKK erlaubt.

### Fahrradverleih

Fahrräder und einfache Mountainbikes können in Jürgens Infobar ausgeliehen werden, einem Kiosk im Flussbett. *Zwischen Laguna und Playa de Santiago. Nur in den Wintermonaten geöffnet.*

### Tennis/Squash

Tennisplätze und Squashräume der Hotelanlage Jardin Tecina können gegen entsprechende Gebühr auch von Gästen genutzt werden. *Info tgl. 11.30–12 Uhr auf der Terraza Café Patio oder unter Tel. 922 14 58 50*

### Tauchen

Ebenfalls ins Hotel Tecina integriert ist ein von Deutschen geführtes Tauchzentrum. Anfänger- und Auffrischkurse, Tauchgänge vom Boot aus. *Club Laurel am Strand unterhalb des Hotels, tgl. 10–14 Uhr, Infos unter Tel. 922 14 58 87*

## AM ABEND

### Bar Tagaror

🕈 Schön gelegene Bar mit Terrasse und 🌿 Panoramablick auf der Anhöhe des Ortsteils Tecina. *Tgl. bis 1 Uhr, gegenüber der Einfahrt*

*zum Hotel Jardin Tecina, C/. de Santiago Apóstol*

### Cocktailbar Kristina

Piano Bar in der Haupthalle des Hotel Tecina, manchmal mit Unterhaltungsprogramm und Shows. *Tgl. 17–24 Uhr*

### Diskothek im Hotel Tecina

Die einzige Diskothek des Ortes wird sowohl von Hotelgästen wie auch Externen besucht. *Fr und Sa von 23–2 Uhr*

## ZIELE IN DER UMGEBUNG

### Alajeró (113/E 3–4)

10 km nordwestlich von Playa de Santiago gelangen Sie in den reichen Siedlungsort Alajeró. Das abseits der Straße gelegene malerische Ortszentrum erreichen Sie nur über einen mit *Casco de Alajeró* beschilderten Abzweig. Hier finden Sie das neue Rathaus mit dem Sitz der Gemeindeverwaltung und die zu Beginn des 16. Jhs. entstandene *Pfarrkirche El Salvador* mit ihrem steinverkleideten Glockenturm. Vom nahegelegenen *Roque Calvario* (805 m) eröffnet sich Ihnen nach knapp 15 Minuten Fußweg ein wunderbarer Ausblick auf die Südküste und die Nachbarinsel Hierro.

### Benchijigua (113/F 2–3)

★ Das traditionsreiche Bergdorf liegt auf ca. 600 m Höhe inmitten des zum Naturschutzgebiet erklärten *Barranco de Benchijigua.* Heute ist dieser ehemals fast ausgestorbene Ort zu Füßen des Roque Agando eine mit Mitteln der EU subventionierte Modellsiedlung mit originalgetreu rekonstruierten Häusern und mit von Solarzellen betriebenen Straßenlaternen. *Verträumt gelegene Privatunterkunft sind die Fincas Benchijigua, Tel. 922 89 51 25, Fax 922 89 51 26, Kategorie 1*

## El Drago – Drachenbaum in Agalán (113/D 3)

★ Nördlich von Alajeró finden Sie den ausgeschilderten, mit Steinen angelegten Weg zum mythenumrankten Drachenbaum. Majestätisch steht er mit seiner ausladenden Krone zwischen Palmen und Mandelbäumen in einem einsamen Tal. Wer den einstündigen Weg scheut, kann von einer Plattform auf halber Strecke einen Blick auf den jahrhundertealten Baum werfen.

## Flughafen (Aeropuerto) (113/E 5)

Nach vielen Verzögerungen wurde im Juni 1999 der oberhalb von Playa de Santiago liegende Flughafen offiziell eröffnet. Zugelassen sind nur Propellermaschinen für den insularen Verkehr, die nach Gran Canaria, Teneriffa Nord, Hierro und La Palma fliegen. Es bleibt abzuwarten, ob sich dieses fast ausschließlich von der EU finanzierte Projekt in Zukunft tragen und eine sinnvolle Auslastung erfahren wird. Für den Tourismus stecken viele Hoffnungen in diesem architektonisch sehr ansprechend gestalteten Flughafen.

## Imada (113/E 3)

Hinter dem Ort Alajeró lohnt sich ein kurzer Abstecher zu dem idyllisch gelegenen Örtchen Imada am Fuß des Roque de Imada (1083 m). Angesiedelt in einem eindrucksvollen Bergmassiv, liegt der verschlafene Ort im palmenreichen Tal des Barranco

de Guarimiar. Den schönsten Blick auf den Ort haben Sie am Ende der Straße, im oberen Teil des Tals.

## Lo del Gato (113/F 3)

★ Vollkommen einsam und teilweise auch verlassen liegt der uralte Ort mitten in der schroffen Felslandschaft der Schlucht von Benchijigua. Zwischen grünen Terrassenfeldern angesiedelt, bezaubert er durch den traditionellen Baustil einiger erhaltener Langhäuser. Ein paar deutsche Aussteiger haben sich, in fast klösterlicher Abgeschiedenheit, hier eingenistet, um in sauberer Luft und mit klarem Quellwasser biologischen Anbau zu betreiben. Den sehr fotogenen Ort erreichen Sie mit dem Auto über eine Staubpiste, die ca. 200 m vor dem Ort Benchijigua nach links abbiegt, oder zu Fuß über den Wanderweg von Pastrana aus.

## Pastrana (113/F 3)

★ Diese authentische und sehr ursprüngliche Siedlung liegt abgeschieden am oberen Ende des Barrancos de Santiago, eingebettet in eine grandiose Gebirgskulisse und eine üppige Vegetation. Wegen des guten Bodens und ausreichend Wasser gedeihen hier neben verschiedenen Gemüsesorten viele Orangen-, Feigen- und Avocadobäume. Im oberen Ortsteil beginnt linker Hand ein wunderschöner Wanderweg durch das Flussbett des Barranco de Benchijigua hinauf zu den beiden malerischen Weilern Lo del Gato und Benchijigua und weiter bis zum Roque Agando an der Höhenstraße. *Anfahrt von Santiago: Hinter dem Tunnel biegen Sie in den Barranco de*

*Santiago ein und erreichen nach ca. 4 km das rechts am Hang liegende Pastrana.*

## SAN SEBASTIÁN

**(115/E 2–3)** Die Inselhauptstadt ist mit ca. 2400 Einwohnern das Zentrum der größten gleichnamigen Gemeinde und Sitz der Inselregierung *(Cabildo Insular)*. In direkter Nähe des Hafens befinden sich die *historischen Bauten* aus der Eroberungszeit: das alte Zollhaus, der Grafenturm, das Rathaus und das Kolumbushaus. Das einstige Zollhaus aus dem 15. Jh. ist das älteste Bauwerk der Stadt. Das Rathaus mit Turmuhr sowie die angrenzenden Häuser mit Holzbalkonen und aufwendigen Schnitzereien sind schöne Beispiele alter kanarischer Architektur.

Zwei zentral gelegene Plätze bestimmen das Stadtbild: die *Plaza de las Américas,* mit ihren vielen Bars Herzstück und Treffpunkt der Stadt, und die *Plaza de la Constitución* mit wuchtigen indischen Lorbeerbäumen. Bei einem Kaffee kann man von hier aus das städtische Treiben verfolgen, das so kein anderer Ort der Insel zu bieten hat.

### BESICHTIGUNGEN

#### Altes Zollhaus
Das einstige Zollhaus beherbergt heute die Touristeninformation. Früher wurde es als Zwischenlager für Exportwaren und als Auftankstelle für Wasservorräte genutzt, zeitweise auch als Gefängnis sowie als erstes Grafenhaus. Heute ist es berühmt für den Brunnen, aus dem Christoph Kolumbus sein Wasser schöpfte. *Mo–Sa 9–13.30 und 15.30–18 Uhr, So 10–13 Uhr, Altes Zollhaus, C/. Real 4*

#### Ermita San Sebastián
Die nach dem Schutzpatron der Stadt benannte Kapelle aus dem Jahre 1424 gilt als ältestes christliches Bauwerk auf der Insel.

*Historische Bauwerke an der Plaza de las Américas*

Sie wurde im Laufe der Jahrhunderte mehrmals zerstört und 1994 aufwendig restauriert. *C/. del Medio s/n*

## Grafenturm (Torre del Conde)

Der in einem Park gelegene 16 m hohe Festungsturm mit 2 m dicken Mauern wurde 1447 im gotischen Stil von Hernán de Peraza dem Älteren erbaut, und Ende des 16. Jhs. vom italienischen Architekten Leonardo Torriani erweitert. Er hielt mehreren Angriffen von Eroberern und Piraten und Aufständen der Einheimischen stand. *Parque de la Torre del Conde*

## Iglesia Nuestra Señora de la Asunción

Diese Pfarrkirche, benannt nach der gleichnamigen Schutzheiligen, gilt als wichtigster Sakralbau auf Gomera. Ursprünglich wurde die einschiffige gotische Kapelle im Jahre 1450 durch den Inselgrafen Hernán de Peraza den Älteren erbaut. Mehrmals brannte sie ab und fiel Piratenangriffen zum Opfer. Nach 1618 wurde sie durch eine dreischiffige Kirche mit barocker Fassade ersetzt und im 18. Jh. nochmals erweitert. Der spätbarocke *Hochaltar* und die *Christusfigur* stammen vom kanarischen Künstler Luján Pérez (1756–1815), Holzdecke und Holzschnitzereien sind im maurischen Stil *(Mudéjar-Stil)* angelegt. Das linke Kirchenportal, die *Puerta del Perdón,* erinnert an die grausame List der Beatriz de Bobadilla, der Gattin des Inselgrafen, die sich 1488 an den Einheimischen für die Ermordung ihres Mannes rächte. Den am Komplott Beteiligten sollte ihre Schuld vergeben werden,

wenn sie das Portal durchschreiten. Die gutgläubigen Einheimischen wurden jedoch erbarmungslos hingerichtet. *C/. del Medio 32*

## Kolumbus-Brunnen (Pozo de Colón)

Dieser Steinbrunnen ist der ganze Stolz der Gomeros, da nach der Legende Kolumbus 1492 an diesem Brunnen für seine Reise in die Neue Welt Wasser aufgefüllt haben soll. Die Tafel mit der Inschrift erinnert an diese historische Begebenheit. *Erreichbar nur durch das Oficina Insular de Turismo, Altes Zollhaus, C/. Real 4*

## MUSEEN

### Galería de Arte Luna

Gelbgrün gestrichenes altes Steinhaus mit einer Privatsammlung von Werken des österreichischen Künstlers Guido Kolitscher. Die sehenswerten Acrylbilder und Farbradierungen haben ausschließlich Gomeramotive zum Gegenstand. Im selben Gebäude gelangt man rechts durch den Innenhof in ein gemütliches Café auf der oberen Etage, das eine gute Auswahl an Tee bietet. *Mo–Fr 9–13 und 17 bis 20 Uhr, C/. del Medio 28*

### Kolumbushaus (Casa de Colón)

★ In dem 1979 renovierten Haus soll Christoph Kolumbus angeblich mehrmals übernachtet haben. Heute sind hier Modelle bzw. Miniaturen der Kolumbusschiffe, Weltkarten, Keramiken und Kunsthandwerk der Insel ausgestellt. Zeitweise sind Wechselausstellungen zu besichtigen. *Mo–Fr 16–19 Uhr, Eintritt frei, C/. del Medio 56*

### Museo Etnografico Insular

Permanente, umfangreiche Ausstellung mit volkskundlichen Objekten, sowie Räume für Wechselausstellungen in einem historischen Gebäude. *C/. de la Virgen de Guadelupe, Casa de los Echevarria. Die aktuellen Öffnungszeiten bitte über die Touristeninformation erfragen*

### Museo Insular

Permanente Ausstellung über die Entdeckung Amerikas und die Bedeutung von Gomera in diesem Kontext. Eine anschauliche Rekonstruktion der Kolumbusreise anhand von Texten, Bildern und Fotografien. *Mo–Sa 9–13.30 und 15.30–18 Uhr, So 10–13 Uhr, Altes Zollhaus, C/. Real 4, Tel. 922 14 15 12, Fax 922 14 01 51*

## RESTAURANTS

### Bar Las Carabelas

Legendärer Treffpunkt auf der Plaza de la Constitución. Der große, runde Glaspavillon unter riesigen indischen Lorbeerbäumen öffnet früh. *Tgl. 7–23 Uhr, Plaza de la Constitución, Kategorie 3*

### Bar-Restaurante Casa del Mar

Gemütliches Lokal im historischen Gebäude des Ministeriums für Arbeit und Soziales. Spezialitäten sind frischer Fisch, Paella und *Fideuá*, ein spezielles Nudelgericht aus Valencia. *Di–So 12.30–16 und 18.30–23 Uhr, Avda. Maritima Fred Olsen 2, Kategorie 2*

### Bar-Restaurante El Charcón

In den Felsen gebautes, gepflegtes Lokal mit Dachterrasse, Blick auf die Bucht und Teneriffa. Kanarische Küche, besonders Fischgerichte, und sehr gute Pa-

ella. *Di–So 11.30–23.30 Uhr, beim Hafen durch den Tunnel, Playa de la Cueva, Kategorie 2*

### Bar-Restaurante El Pajar

Ältestes Restaurant in San Sebastián mit gemütlich-rustikalem Ambiente. Überdachte Terrasse, auf der sich um einen alten Baum und Palmen die Tische gruppieren. Kanarische und valenzianische Küche vom Feinsten. *Tgl. 13–16 und 19–23.30 Uhr, C/. Ruiz de Padrón 26, Kategorie 2*

### Restaurante Parrilla Marqués de Oristano

Nobelrestaurant in einem historischen Gebäude des 18. Jhs., mit alten Holzdielen und -balken und stilvoller Einrichtung. Internationale Küche und gute Weine. Die Bar ist bis 2 Uhr morgens geöffnet. Am Wochenende gibt es oft Livemusik. *Mo–Sa 13–16 und 19–23 Uhr, C/. Real 26, Tel. 922 14 15 41, Kategorie 1*

## EINKAUFEN

### Artesanía Santa Ana

Die aus dem Jahre 1535 stammende Kapelle Santa Ana beherbergt heute ein Kunsthandwerkgeschäft. Neben den traditionellen Handarbeiten (Decken mit Lochstickerei, Taschen, Figuren aus Bananen- und Palmenblättern, Töpferarbeiten) werden Miel de Palma, Wein, Mojo und Almogrote angeboten. *Mo–Sa 10–13.30 und 16–20 Uhr, So 16 bis 18 Uhr, C/. Ruiz de Padrón*

### Dulceria Mendoza

In dieser alten Bäckerei können Sie inseltypische Süßwaren wie das köstliche Mandelgebäck *almendrados,* aber auch frisches

Brot kaufen. *Mo–Sa 8–14 und 16–18 Uhr, C/. Ruiz de Padrón 6*

## Markt

✪ Mittwochs und samstags findet auf der Plaza de la Constitución vormittags unter wuchtigen indischen Lorbeerbäumen ein kleiner bunter Markt mit frischen landwirtschaftlichen Produkten statt. Zusätzlich können Sie hier selbstgemachte Marmelade, Miel de Palma, Wein, Mojo und Almogrote sowie Süßwaren kaufen. *Plaza de la Constitución*

*Markttag in San Sebastián*

## HOTELS

### Parador Nacional Conde de la Gomera

Dieses Vier-Sterne-Hotel, gebaut im alten spanischen Herrenhausstil auf einem 70 m hohen Felsvorsprung, zählt zu den schönsten Häusern der spanischen Parador-Hotelkette. Auf Grund der exquisiten Atmosphäre und gediegenen Einrichtung in kastilischem Stil sind die Zimmer oft Monate im Voraus ausgebucht. Wunderschöner Garten mit tropischen Pflanzen, Swimmingpool, Bar und Restaurant mit kanarischen Spezialitäten, verschiedene Freizeitangebote und organisierte Ausflüge, *60 Zi., Ortsteil La Lomada, Tel. 922 87 11 00, Fax 922 87 11 16, Kategorie 1*

### Hotel Villa Gomera

Neues, freundliches Hotel, 16 großräumige Zimmer in komfortabler Ausstattung. *C/. Ruiz de Padrón 68, Tel. 922 87 00 20, Fax 922 87 02 35, Kategorie 2*

### Hotel Torre del Conde

Luxushotel für gehobene Ansprüche am Park des alten Festungsturms, neben dem Parador die beste Adresse in San Sebastián. 38 Zimmer mit eleganter Ausstattung, Klimaanlage, Dachterrasse und angegliedertem Bar-Restaurante. *C/. Ruiz de Padrón, 19, Tel. 922 87 00 00, Fax 922 87 13 14, Kategorie 1*

### Apartamentos San Sebastián

Moderne, großräumige Apartmentanlage im Stadtkern, um einen hübschen Innenhof gebaut. *10 Zi., C/. del Medio 20, Tel. 922 14 14 75, Kategorie 2*

## SPIEL UND SPORT

### Club Nautico de la Gomera

Tennis, Schwimmbad und Basketball. *Mo–Fr 10–12 und 17 bis 18 Uhr, Castillo del Buen Paso, Tel. 922 87 10 53*

### Die kleine Tauchschule (Centro de Buceo)

Die Inhaber organisieren Tauchausflüge an die Playa de la Cueva und an die Südküste. Weiteres Angebot: Schnorcheln, eintägiger Kurzlehrgang mit einem Tauchgang sowie verschiedene Ausbildungsstufen nach dem PADI-System von Sport- bis Profitauchen. Equipment wird gestellt. *Mo–Fr 10–12 und 16 bis 18 Uhr, Sa 10–12 Uhr, C/. Ruiz de Padrón 50, Tel. und Fax 922 14 11 35*

## AM ABEND

### Bar Cuba Libre

In dem von Kubanern geführten Terrassenlokal sitzen Sie draußen unter schattigen Palmen mit Blick auf die historischen Gebäude am Rathausplatz. *Tgl. 9 bis 2 Uhr, Plaza de las Américas*

### Bar El Charcón

In den Felsen gebautes Lokal mit Dachterrasse, Blick aufs Meer und den Teide auf Teneriffa. *Di–So 11.30–23.30 Uhr, durch den Tunnel am Hafen, Playa de la Cueva*

### Bar La Cueva

Spätabendlicher Treffpunkt gegenüber dem Hafen mit einer eindrucksvoll in einen Felsen integrierten, großräumigen Bar und einer ca. 20 m langen Theke. *Di–So 12–24 Uhr, durch den Tunnel am Hafen, schmaler Eingang direkt links*

### Bar Parrilla Marqués de Oristano

Beliebter Treffpunkt für Einheimische und Touristen im Stadtkern, am Wochenende manchmal Livemusik. *Mo–Sa 19–2 Uhr, C/. Real 26*

### Discoteca Fin Fun

🕴 Beliebte Diskothek insbesondere am Wochenende und meist erst nach Mitternacht, *Mo–So 22–3 bzw. 5 Uhr, C/. Trasera 17*

### Oh! Rivera – Terraza de Verano

Bar und Diskothek unter freiem Himmel. *Im Sommer tgl. 11–4 oder 5 Uhr, im Winter nur Fr und Sa, Pista Rivera, ca. 500 m hinter dem Krankenhaus*

## AUSKUNFT

### Oficina Insular de Turismo

Sehr geschmackvoll gestaltetes Touristenbüro mit freundlichem, hilfsbereiten Personal, das Ihnen umfangreiche Info-Broschüren zur Verfügung stellt und Sie gerne bei der Urlaubsplanung berät. *Mo–Sa 9–13.30 und 15.30 bis 18 Uhr, So 10–13 Uhr, Altes Zollhaus, C/. Real 4, Tel. 922 14 15 12, Fax 922 14 01 51*

## ZIELE IN DER UMGEBUNG

### Avalo-Bucht                    (115/E 2)

⭐ Den 200 m langen Kiesstrand nordöstlich von San Sebastián erreichen Sie vom Parador-Hotel aus nach ca. 5 km über eine Schotterpiste. Die einsam in einem Palmenhain gelegene, kleine Bucht gehört zu den schönsten Stränden der Insel, und das klare Wasser ist besonders geeignet zum Schnorcheln und Tauchen. In naher Zukunft wird hier eine Clubanlage entstehen.

Auf dem Weg zur Bucht kommen Sie an zwei Sehenswürdigkeiten vorbei: Der alten *Gofiomühle* und dem Leuchtturm *El Faro*. Neben dem neuen Leuchtturm steht noch der alte mit dem integrierten Wärterhaus. Dort wohnt heute noch der Leuchtturmwärter wie in alten Zeiten direkt am Meer. *Ctra. al Faro*

*Die Playa de Avalo zählt zu den schönsten Stränden Gomeras*

Die 160 Jahre alte Gofiomühle mit Windrad befindet sich im Privatbesitz eines deutschen Paares, das die Mühle zeitweise bewohnt. Das sehenswerte Gebäude kann daher nur von außen betrachtet werden. Nach dem Parador Nacional auf der rechten Seite liegt die Mühle etwas zurückversetzt in einer Hofeinfahrt. *Ctra. al Faro 6*

**Barranco de Las Lajas  (114/B-C 2)**
★ Das enge, grüne Tal oberhalb des Barranco de la Villa bildet mit seinen palmenumstandenen Stauseen, vielen Orangen- und Avocadobäumen und den altkanarischen Weilern ein wunderbares Naturparadies. Die kurvige Straße endet nach ca. 9 km beim idyllisch gelegenen Bergdorf <mark>La Laja</mark> am Fuß des Roque Ojila. Ein herrlicher Wanderweg führt von hier zum Mirador Degollada de Peraza an der Höhenstraße Carretera del Sur. *Am Ortsausgang von San Sebastián Richtung Carretera del Norte den Abzweig nach Chejelipes nehmen*

**Mirador Degollada de Peraza  (114/C 2)**
Der auf 950 m Höhe gelegene ✺ Mirador bietet Richtung Norden eine wunderbare Aussicht über den Barranco de la Villa auf die Gebirgslandschaft des Enchereda. Vom gegenüberliegenden Terrassenlokal fällt der Blick in die zerklüftete Felslandschaft des Südens. Der Name des Miradors erinnert an die blutige Ermordung des Grafen Hernán de Peraza den Jüngeren. 1488 rächten die Altkanarier seine Liebesaffäre mit einer Guanchenprinzessin, indem sie ihn hinterrücks erdolchten. *Ca. 13 km entfernt von San Sebastián, an der Carretera del Sur*

**Mirador de los Roques  (114/A 2)**
★ ✺ Dieser Aussichtspunkt befindet sich auf ca. 1000 m Höhe beim Felsen *Roque Agando* (1250 m), dem Wahrzeichen und beliebten Postkartenmotiv der Insel. Der nackte, mächtige Basaltfelsen in Form eines Zuckerhutes ist die erstarrte Schlotfül-

lung eines Vulkans, die nach Erosion der weicheren Gesteinsmassen freigelegt wurde. Zusammen mit den nahe beieinander liegenden Felsmonolithen *Roque Zarzita* (1234 m) und *Roque Ojila* (1170 m) bildete sich so eine majestätisch in den Himmel ragende Felslandschaft.

Ein schmiedeeisernes Denkmal gleich neben dem Roque Agando erinnert an die größte Brandkatastrophe auf der Insel 1984, bei der zwanzig Personen an dieser Stelle von den Flammen überrascht wurden. Vom Mirador aus lassen sich auch oft die sagenhaften Wolkenwasserfälle beobachten, wenn die Passatwolken als breiter Strom die Berghänge hinunter ins Tal fließen. *Ca. 17 km von San Sebastián, an der Carretera del Sur*

### Mirador El Santo     (115/E 3)

Die oberhalb von San Sebastián auf einem Felsvorsprung gelegene 7 m hohe Christusstatue mit dem beeindruckenden Namen *Monumento al Sagrado Corazón de Jesús* erinnert an die Jesusstatue von Rio de Janeiro. Von der ⚜ Plattform bietet sich Ihnen ein herrlicher Blick über die Stadt San Sebastián und übers Meer zum Pico del Teide auf Teneriffa. *Nach 3 km auf der Carretera del Sur zweigt links eine Piste zu diesem Aussichtspunkt ab.*

### Playa de la Cueva     (115/E 2)

Den etwas abseits an einer halbrunden Meeresbucht gelegenen herrlichen Sandstrand mit Wellenbrechern und einem sagenhaften ⚜ Blick auf Teneriffa und den Teide erreichen Sie durch den Tunnel gegenüber dem Hafen von San Sebastián.

## VALLE GRAN REY

★ (**112/B–C 1–2**) Von Arure kommend sollten Sie nach dem ersten Tunnel beim ⚜ *Mirador de Palmarejo* einen Stopp einlegen und erstmal von oben den phantastischen Blick ins berühmte Valle Gran Rey genießen. Tief unter Ihnen liegt dann ein traumhafter, grüner Talkessel voller Palmenhaine, der eingerahmt wird von über 800 m hohen Steilwänden und sich bis hinunter zum blauen Meer erstreckt. Die Enge des Tals zwang die Bewohner, in mühevoller Arbeit bis in schwindelnde Höhen an den Bergflanken unzählige Terrassenfelder anzulegen. Im Laufe von Jahrhunderten entstand so eine Kulturlandschaft, die vergleichbar ist mit den terrassierten Reisfeldern Südostasiens.

Bei *Guada,* wo die Schlucht des *Barranco del Agua* ins obere Ende des Tals mündet, tritt aus einem mächtigen Felsen eine der ergiebigsten Quellen der Insel. Sie versorgt die Felder das ganze Jahr über ausreichend mit Wasser und speist einen kleinen Wildbach, der im Talgrund romantisch durch einen dichten, mehrere Meter hohen Dschungel aus Bambusrohr plätschert. Wenn nach einem heftigen Regen die Wasserfälle von den Felswänden stürzen, schwillt der Bach zu einem reißenden Fluss an.

An die terrassierten Berghänge schmiegen sich die weißen Häuser kleiner Ortschaften. Sie liegen inmitten von Orangen-, Avocado- und Maulbeerbäumen, blühenden Gärten und Tausenden von Dattelpalmen.

Den Abschluss des Valle Gran Rey bildet zum Meer hin ein weites Taldelta mit ausgedehnten Bananenplantagen. Hier endet die Talstraße praktisch in einer Sackgasse, denn eine Küstenstraße, die die Täler des Südwestens miteinander verbinden würde, existiert nicht. Die im Delta verstreut liegenden Orte *La Calera, La Playa, La Puntilla* und das Hafenviertel *Vueltas* bilden das touristische Zentrum der Insel.

## LA CALERA

✿ **(112/B 2)** Am südlichen Ende des Taleinschnitts liegt oberhalb des Flussdeltas das malerische Örtchen La Calera. Dicht an dicht drängen sich die weißgetünchten Häuser an einen steilen Bergrücken, hinter dem sich über 800 m die Steilwand von La Mérica hochtürmt. Den malerischen Ort durchziehen verwinkelte, blumengeschmückte Gassen und schmale Wege mit aus Naturstein gepflasterten Treppenstufen. Herrlich ist die Aussicht von der dem Meer zugewandten Westseite auf die Bananenplantagen und den weiten Ozean. In den bunten Gärten zwischen den kleinen Häusern spenden Palmen Schatten, und zahllose Bougainvilleen sorgen für leuchtende Farbtupfer. Eingestreut in diese Idylle liegen Läden, Saftbars und Restaurants, meist mit einer Aussichtsterrasse. Wer auf engem Raum mit den Einheimischen leben möchte und Ruhe sucht, der kann sich in einer netten Privatunterkunft mit traumhaftem Meerblick einmieten. Am Fuß der Ortschaft befindet sich der Taxistand, und auch der Bus hält hier. Bis zur Playa ist es ein Fußweg von ca. 15 Minuten.

## LA PLAYA

**(112/A–B 2)** Von Calera führt eine schmale Straße hinunter an die Playa. Der kleine Ort an einer weiten Bucht mit Sandstrand und Palmen ist in den letzten Jahren kräftig gewachsen und besonders bei Pauschaltouristen sehr beliebt. Kernstück ist eine Strandpromenade für Fußgänger, mit einer Häuserzeile aus kleinen Apartmenthäusern mit Holzbalkonen, Bars, Restaurants und Geschäften. An die Ursprünge erinnern die winzige Kapelle *Ermita San Pedro* und die legendäre Bar und Pension *Casa Maria,* die immer noch der beliebteste Treff zum Sonnenuntergang ist. Die Bebauung hinter der Promenade ist leider etwas klotzig geraten.

## LA PUNTILLA

**(112/B 2)** Von La Playa gelangen Sie über eine grobschottrige Piste entlang der weiten Bucht nach La Puntilla. Bis vor wenigen Jahren gab es hier nur ein paar alte Häuser, die urige Strandbar *El Eden,* eine alte *Gofiomühle* und den »Babystrand« *Charco del Conde.* Jetzt ist La Puntilla das neue touristische Zentrum des Tals. Entlang der palmengesäumten Promenade sind ein großes Hotel, einige architektonisch sehr ansprechende Apartmentanlagen und empfehlenswerte Restaurants entstanden. Vervollständigt wird das touristische Angebot durch kleine Geschäfte, Reisebüros und die Bikestation.

## VUELTAS

**(112/B 3)** Das quirlige Hafenviertel Vueltas ist der bevorzugte Fe-

*La Puntilla, Zentrum des Tourismus im Valle Gran Rey*

rienort der Szene. Die örtlichen Fischer hatten schon früh die Zeichen der Zeit erkannt, und so wuchs schnell ein wild zusammengewürfelter Haufen aus meist dreistöckigen Apartmenthäusern entlang einer Hauptstraße und zwei Fußgängerzonen. Der Eindruck eines intakten Dorflebens entsteht durch das friedliche Nebeneinander der einheimischen Apartment- und Supermarktbesitzer und einer ganzen Reihe von unternehmungslustigen Aussteigern. Für ein aufregendes Nachtleben sorgen gemütliche Bars und stimmungsvolle Nachtcafés.

Der kleine Hafen selbst liegt idyllisch am Fuß einer 500 m hohen, schroffen Steilwand. Eine bunte Mischung aus Fischerbooten und Segelyachten und das Anlanden von teilweise großen Meeresfischen macht den Kai an der Hafenmauer zu einer abwechslungsreichen Flaniermeile.

## BESICHTIGUNG

### Tropischer Fruchtgarten Argaga

Entlang der Steilwand am Hafen erreichen Sie über eine ungeteerte Straße nach 1 km eine Bucht, in der malerisch eine Finca liegt. Nach links führt ein Weg in die herrliche Schlucht Argaga, an deren rechter Flanke Sie nach 300 m zum ausgeschilderten tropischen Fruchtgarten gelangen. Die geschützte Lage des tief eingeschnittenen Barrancos und das subtropische Klima erlauben den Anbau von über hundert Obst- und Gemüsesorten aus aller Welt. Bei einer sachkundigen deutschsprachigen Führung durch die sehr schöne Gartenanlage erfahren Sie interessante Details über die Ökologie der Insel und können so Früchten wie Guaven und Cherimoya naschen. *Di und Fr 11–18 Uhr, Tel. 922 69 70 04*

## MUSEEN

### Galerie in der Oasis

Ausstellung und Verkauf von Bildern und Skulpturen nationaler und internationaler Künstler. *Tgl. außer So 17–20 Uhr, Playa, hinter der Promenade, Tel./Fax 922 80 50 17*

## La Alameda, Tienda Museo

Interessante Ausstellung von gomerischem Kunsthandwerk, Haushalts- und Arbeitsgerät, Schallplatten und alten Fotos. Verkauft werden in geringem Umfang Produkte der Insel. *Mo–Sa 16.30–20 Uhr, Calera, C/. Carrero Blanco s/n, oberhalb des Parkplatzes, Tel. 922 80 50 04*

## RESTAURANTS

## Bar Eden

Die originelle Bar in Strandnähe, mit überdachter Terrasse, ist ein beliebter Treffpunkt der Einheimischen. Grund dafür sind eine große Auswahl herrlicher Tapas und der nette Wirt. *Tgl. außer Sa 7–20 Uhr, La Puntilla, neben dem Hotel Gran Rey, Kategorie 3*

## Dulceria La Canela

Das gemütliche Café mit Sonnenterrasse ist ein beliebter Frühstückstreff. Große Auswahl an köstlichen Kuchen und Teilchen und täglich frisches Brot. *Mo–Mi 9.30–14 und 17–20 Uhr, Fr–So 10–16 Uhr, Vueltas, C/. Principal s/n, an der Straße nach Calera, Tel. 922 80 59 46, Kategorie 3*

## El Baifo

Koch Andy bietet ausgezeichnete asiatische und französische Küche mit frischen Zutaten und Gewürzen. Reservieren Sie unbedingt rechtzeitig einen Tisch, denn das beliebte Lokal ist immer voll. *Tgl. außer Fr ab 19 Uhr, Playa, Edf. Normara s/n, Tel. 922 80 57 75, Kategorie 2*

## El Baijo

Das kleine, lauschige Fischrestaurant wird als Geheimtip gehandelt. Köstliche Fischgerichte

und Spezialitäten wie *Plato Gomero* und Paella. Große Auswahl an erstklassigen Weinen. *Tgl. außer Mo 17–24 Uhr, La Puntilla, Avda. Maritima s/n, Tel. 922 80 53 96, Kategorie 2*

## La Islita

Gemütliches italienisches Restaurant. Die Mama persönlich zaubert hausgemachte Pasta, und die köstliche Pizza kommt aus dem Steinofen. Sehr guter Service. *Tgl. außer Mo 11.30–14 Uhr und 18–24 Uhr, Playa, an der Promenade, Tel. 922 80 55 00, Kategorie 2*

## La Salsa

Das einzige rein vegetarische Restaurant besticht durch phantasievolle Einrichtung und den exzellenten Service. Die exotischen Köstlichkeiten aus Thailand, Indien, Nordafrika und Mexiko überzeugen auch Fleischliebhaber. Ein Renner sind die Austernpilze. *Tgl. außer Do 18–24 Uhr, Vueltas, im gelben Haus am Hafen, Tel. 922 80 55 18, Kategorie 2*

## Las Jornadas, Casa Maria

Der Familienbetrieb ist der berühmteste Szenetreff im Tal. Hier hat sich nichts verändert. Im Ambiente der siebziger Jahre werden typische kanarische Speisen serviert. Beliebter Treffpunkt zum Sonnenuntergang mit Tischen vor der Tür. *Tgl. außer Di 9–24 Uhr, Playa, am Ende der Talstraße, Kategorie 2*

## Pescador

Die gemütliche, rustikale Fischerkneipe ist immer voll. Der beste Fischeintopf *(cazuela de pescado)* vor Ort, Gambas in Knoblauchsoße und knusprige Hähnchen vom Grill. *Tgl. ab 18 Uhr. Wann die Küche schließt oder wann Ruhetage sind, wird spontan entschieden. Vueltas, untere Fußgängerzone. Tel. 922 80 51 79, Kategorie 2*

## Orquidea

Von der großen ✹ Terrasse haben Sie einen herrlichen Blick auf das ganze Delta. Bei Kerzenlicht und stimmungsvoller Musik genießen Sie hier die kanarische Küche unter einem weiten Sternenhimmel. *Tgl. außer So 10–13 und 17–22 Uhr, Calera, am Taxistand die Treppe hinauf, geradeaus bis Apartementos Concha und dort rechts die Steintreppe hoch. Kategorie 2*

## Sebastian

Dies ist eines der ganz alten Restaurants, mit einer kleinen Terrasse und Blick aufs Meer. Wunderbarer Thunfisch wird hier serviert, und sonntags gibt es die beste Paella im Tal. *Tgl. außer Mo 18–23 Uhr, Calera, am zentralen Parkplatz, Kategorie 2*

## Zumeria Carlos

Zentral gelegene Saftbar beim Taxistand, mit Terrasse und einer großen Auswahl an frischen Fruchtsäften, Milchshakes, herrlichen Früchtebechern und dem legendären Sandwich Americano. *Tgl. außer So 9–18 Uhr, Calera, Kategorie 3*

# EINKAUFEN

## Ansiria Network

Verkauf von handgefertigten Didgeridoos und Trommeln aus Agavenholz, große Auswahl an günstigen CDs; auch Leihbücherei. *Tgl. außer So 10–13 und 17 bis 20 Uhr, Vueltas, in der oberen Fußgängerzone*

## Capitano Claudio/Club de Mar

Der weitgereiste Seebär verkauft neben Angelzubehör seine Inselzeitung »Der Valle Bote« und vermittelt Delphintouren und Bootsausflüge aller Art. *Tgl. außer So 9–12 und 17–19 Uhr, Vueltas, Hauptstraße Richtung Hafen, Tel. 922 80 57 59*

## Gekko Art

Phantasie- und geschmackvoll gestalteter Goldschmiedeladen. Sehr schöne Tücher und ausgefallener Schmuck. *Tgl. außer So 10–13 und 17–20 Uhr, Vueltas, obere Hauptstraße*

## Kodak/El Fotographo

Allein wegen der hochwertigen Fotografien mit Gomeramotiven ist der geschmackvoll eingerichtete Buch- und Fotoladen einen Besuch wert. *Tgl. außer So 10–13 und 17–20 Uhr, Playa, an der Promenade s/n*

## Lederwaren – Taller de Artensania en Piel

In dem urigen Häuschen in der Bananenplantage werden preiswert mokassinartige Lederschuhe und Sandalen nach Maß gefertigt. Farbe und Leder suchen Sie selbst aus. Wer nicht 5–6 Tage warten möchte, findet eine reiche Auswahl an vorgefertigten Modellen, außerdem geschmackvolle Taschen und Gürtel. *Mo–Fr 10–13 und 18–20 Uhr, Sa 10–13 Uhr, auf dem Weg von La Playa nach Calera links neben der Straße*

## VIVA – Tienda de Musica y Internet

Surfen im Internet, E-Mail-Service, großes Angebot an CDs mit traditioneller gomerischer und kanarischer Musik. *Tgl. außer So 10–13 und 18–23 Uhr, Vueltas, obere Hauptstraße*

### Hotel Jardin Concha

Neues, liebevoll gestaltetes Hotel in bester Hanglage in Calera, inmitten von Gärten gelegen und mit wunderbarem Blick. Freundliche Zimmer mit Terrasse. *9 Zi., Calera, Westhang, oberhalb des Taxistandes, Tel. 922 80 50 07, Kategorie 1*

### Apartamentos Nelly

Sehr schöne Apartmentanlage im oberen Tal, unterhalb der Straße direkt in den Barranco gebaut, sehr einladend gestaltet mit Wiese und Pool und großen, hellen Zimmern. *8 Apartments und Studios, Canada de la Rosa, gegenüber Tienda Nestor, Tel. 922 80 50 84, Kategorie 2*

### Casa Chea

Direkt beim Ort und doch etwas abseits. Sehr liebevolle Betreuung, ein vorlauter Papagei, mitten im schönsten Blumengarten weit und breit, preiswert und sauber. *7 Apartments, Vueltas, in Meernähe an der Hauptstraße nach Calera, Tel. 922 80 56 67, Fax 922 87 15 07, Kategorie 2–3*

### Casa Karin

Geschmackvoll gestaltete Apartments zum Wohlfühlen, mit sagenhaftem Meerblick. *5 Apartments, Calera, oberhalb Tienda Victor, Tel. 922 80 56 24, Kategorie 2*

### Casa Pablo

Zwei Apartmenthäuser mitten in Vueltas, komfortable große Zimmer mit Balkon und sagenhaftem Rundblick von der Dachterrasse. *20 Apartments, Vueltas, obere Hauptstraße, Tel. 922 80 51 79, Kategorie 2*

### Casa Rudolpho

Zentral an der Promenade gelegenes Apartmenthaus mit traumhaftem Blick auf die weite Bucht. *11 Apartments, Playa, Tel. 922 80 51 95, Kategorie 2*

### Chardin del Conde

Schöne, kinderfreundliche Anlage mit 2-Zi.-Apartments, zentralem Pool und schönen Gartenanlagen. Direkt am »Babystrand« gelegen und mit Ladenzeile im Untergeschoss. *74 Apartments, La Puntilla, Avda. Maritimas/n, Tel. 922 80 60 08, Fax 922 80 53 85, Kategorie 2*

### Oasis

Individuell gestaltete Bungalows und eine dreistöckige Villa in zentraler, aber ruhiger Lage, umgeben von Obstplantagen und prächtigen Blumengärten. Mit Blick auf Berge und Meer. *8 Bungalows, Playa, hinter der Promenade, Tel./Fax 922 80 50 17, Kategorie 1–2*

### Olivier

5 sehr schön eingerichtete Apartments mit Balkon und Blick aufs Meer. *Vueltas, am Kreisverkehr direkt über dem Tambara Café, Tel. 922 80 51 53, Kategorie 2*

### Paraiso del Conde

Sehr stilvolle Apartments direkt am Meer, mit großer Gartenanlage und Pool. Geschmackvoll eingerichtete Zimmer mit Balkon oder Terrasse. *12 Apartments, La Puntilla, Avda Maritima s/n, Tel. und Fax 922 80 59 21, Kategorie 1*

## BADEN

### Charco del Conde

Die kleine, fast kreisrunde Bucht mit Sandstrand und Palmen an der Puntilla wird von einer Felsbarriere umschlossen, die sie gegen die Brandung schützt. Das nur knietiefe Wasser ist ein idealer Tummelplatz für Kinder.

### Hafenbecken

Am kleinen Sandstrand in der Hafenbucht können Sie das ganze Jahr über gefahrlos schwimmen. Das Wasser im Hafenbecken ist sauber, und für Kinder und Nichtschwimmer bietet der flache Strand eine gute Einstiegsmöglichkeit.

### Playa

Sehr beliebt ist der palmengesäumte Strand an der Playa, der sich entlang einer weiten Bucht bis La Puntilla erstreckt. Das ganze Jahr über herrscht reges Strandleben. Im Winter wird durch Unterströmungen der Sand abgezogen, und nur vor der Promenade bleibt ein kleiner Streifen.

### Playa del Inglès

Die berühmte Playa del Inglès liegt am nördlichen Ende des Taldeltas, zu Füßen mächtiger Steilwände und riesiger Geröllhalden. Im Sommer begeistert ein herrlicher Sandstrand, im Winter machen Steine und Felsen das Baden fast unmöglich. Die Brandung ist das ganze Jahr über heftig, und die Unterströmungen sind oft sehr gefährlich. FKK wird hier geduldet. Vorsicht: es gibt keine Rettungsschwimmer oder Strandwachen.

## BOOTSAUSFLÜGE/SEGELN

In den Gewässern um Gomera tummeln sich eine Menge Delphine, und regelmäßig werden Wale gesichtet. Sehr beliebt sind daher Bootstouren, die einen mit ein bisschen Glück die Tiere hautnah erleben lassen. Auf Angeltouren werden große Meeresfische wie Thunfisch, Barsch, Seehecht und ab und zu auch der legendäre Blue Marlin gefangen.

Segelboote können nur auf Teneriffa gechartert werden, aber

*Der dunkle Sandstrand an der Playa ist immer gut besucht*

der Club de Mar führt mit seiner Segelyacht Tagestörns und Ausflüge auf die Nachbarinseln durch. Beliebt sind auch Inselumrundungen mit größeren Ausflugsschiffen und Bootsfahrten zu der berühmten Felsformation Los Organos an der Steilküste im Norden.

## Club de Mar/Capitano Claudio

Der Club des deutschen Capitano Claudio bietet Bootsausflüge aller Art. Für Delphin-, Wal- und Angeltouren sind Anmeldungen erforderlich. Gefahren wird jeden Tag mit kleinen Booten für sechs bis acht Personen. Buchen können Sie auch Segeltörns, Inselumrundungen per Schiff und Ausflüge zu Los Organos. Verkauf von Angelzubehör. Mittwochs um 21 Uhr zeigt der Club einen Diavortrag zum Thema Delphine und Wale. *Tgl. 9–12 und 17–19 Uhr, Vueltas, Hauptstraße Nähe Hafen, Tel. 922 80 59 61 und 922 80 57 59*

## FITNESS

## Fitnessstudio Fortaleza

Für alle, die auch im Urlaub fit bleiben möchten. Gerätetraining mit individuellem Trainingsprogramm, sowie Tai Chi, Gruppen-Shiatsu und Massage. *Mo–Mi und Fr–Sa 11–14 und 18–22 Uhr, So 18–20 Uhr, Vueltas, neben gelbem Haus beim Hafen, Tel. 922 80 59 61*

## MOUNTAINBIKING

Neben Wandern ist das sehr beliebte Mountainbiking die sportlichste Art, Gomera zu er-fahren. Die ersten tausend Höhenmeter lassen sich bei Bedarf bequem mit einem Bus- oder Taxitransfer überwinden. Dann führen viele Pisten und kleine Nebenstraßen durch die schönsten Landschaften der Insel. Besonders empfehlenswert ist die traumhafte Abfahrt durch das Valle Gran Rey.

## Bike Station Gomera

Nicht nur Verleih von hochwertigen Mountainbikes der Marke Scott, mit Federgabeln und vollgefedert. Auch Tagestouren in die Berge, gestaffelt nach verschiedenen Könnerstufen und mit Shuttleservice, werden angeboten. Außerdem Verleih von bequemen Strandrädern und Kindersitzen. Reparaturservice und Ersatzteile. *Mo–Sa 9–13 und 17–19 Uhr, La Puntilla Nr. 7 (schräg gegenüber Hotel Gran Rey) Tel./Fax 922 80 50 82*

## TAUCHEN

In der faszinierenden Unterwasserwelt vor der Südküste von Gomera schweben Taucher durch phantastische Gesteinslandschaften mit Felsdurchbrüchen, Höhlen und schroffen Abgründen. Häufig sind Begegnungen mit Stachelrochen, Muränen, Trompeten- und Papageienfischen, aufdringlichen Drückerfischen und Kugelfischen. Seltener anzutreffen sind Mantas, Hammerhaie und Mondfische.

## Centro de Buceo, Tauchschule Fisch u. Co.

Schnuppertauchen für Neugierige, Schnorcheltouren, Nacht- und Bootstauchgänge und Ausbildung zum Grundtauchschein. Hochwertige Leihausrüstungen. *Info tgl. außer Fr 17.30–19 Uhr, Playa, auf der Rückseite der Promenade, Tel./Fax 922 80 56 88*

## TENNIS

Der zum Hotel Gran Rey an der Puntilla gehörende Hartplatz liegt mitten in den Bananenplantagen. Platz und Equipment können auch von Gastspielern gemietet werden. *Tel. 922 80 58 59*

## WANDERN

Im Tal finden Sie einige schöne Wege, die leicht zu erreichen sind und ohne Führung gewandert werden können.

Von der kleinen Kirche *Los Reyes* im unteren Tal wandern Sie bequem über den herrlichen »Kirchenpfad« entlang der Talflanke bis zum Weiler *El Hornillo.* Auf der anderen Talseite führt bei *El Guro* und *Casa de la Seda* ein schmaler Pfad durch ein Flussbett in die tiefe Schlucht des »Wasserfallbarranco« bis zu einem großen Wasserfall.

Von *La Vizcaina* windet sich ein ☙ steiler Weg mit wunderbarem Blick auf das Tal durch die Steilwand hoch zum Bergdorf *El Cercado.* Auf dem gegenüberliegenden Bergrücken *La Mérica* wandern Sie auf einem Panoramaweg von *Arure* bis nach *Calera* (siehe auch Routen, Seite 91)

Eine Herausforderung für geübte Wanderer ist die alpine Route durch die grandiose Schlucht von *Argaga* hinauf zur Hochebene von *Gerian.*

### Caminos Reales

Die geführten Wandertouren mit Bustransfer werden von qualifizierten ortskundigen Wanderführern begleitet, die viel Wissenswertes über die Insel erzählen können und sich auch in Fragen der Botanik bestens aus-

kennen. Eingekehrt wird in Bars mit traditioneller Küche. *Buchungsstellen: Bike Station, Puntilla 7, Ansiria Network, Vueltas und Casa Maria, La Playa, Tel. 922 80 57 40 oder 922 80 53 37*

## AM ABEND

### Bar Tasca

Gelungene Wandmalereien und Kulissen schaffen die Idylle eines Dorfplatzes. Oft spielen hier einheimische Musiker. *Playa, Edf. Normara s/n, tgl. 18–2 Uhr*

### Café der anderen Art

Szenecafé mit ruhiger Atmosphäre zum Zeitunglesen und Schach- oder Backgammonspielen. *Tgl. außer Do Vormittag 9–13 und 17–24 Uhr, Vueltas, obere Hauptstraße, Tel. 922 80 55 07*

### KX-Discothek

⚥ In der einzigen Disko im Tal bieten argentinische Künstler zusätzlich zum Tanzvergnügen extravagantes Kabarett, Shows und Performances. *Mi–So 21–4 Uhr, Playa, an der Promenade s/n, im Untergeschoss*

### La Galeria, Kulturzentrum

Abwechslungsreiches Programm mit Videoprojektion, Livemusik, Kabarett, Diashow und gemütlicher Bar. *Tgl. außer So 19–24 Uhr, Calera, oberhalb des Parkplatzes, Tel. 922 80 58 78*

### La Tasca – Bar de Cocktails

⚥ Für jeden Cocktailliebhaber ein absolutes Muss: Bei Salsa und einer gehaltvollen Pinacolada oder einem spritzigen Daiquiri wird hier bis in die Nacht hinein gefeiert. *Tgl. außer Do 21–2 Uhr, Vueltas, untere Fußgängerzone*

**3bien, Cocktailbar**
Die große Getränkekarte und das familiäre Klima laden dazu ein, den ganzen Abend in der kleinen Bar zu verbringen. *Tgl. 21–2 Uhr, Playa, Rückseite der Promenade*

## AUSKUNFT

**Oficina de Turismo de Valle Gran Rey**
*Mo–Fr 9–13.30 und 16–18.30 Uhr, Sa 10–13 Uhr, Edf. Normara s/n, hinter der Promenade, Tel. 922 80 54 58*

## ZIELE IN DER UMGEBUNG

Oberhalb des Valle Gran Rey liegen auf ca. 1000 m Höhe die ★ Bergdörfer Arure, Las Hayas, El Cercado und Chipude. Verbunden sind sie durch eine kurvenreiche und landschaftlich reizvolle Panoramastraße.

**Arure**                    (108/B–C 5)
Die erste Ortschaft oberhalb des Valle Gran Rey liegt am Rande eines wunderbaren Tals. Im Talgrund werden noch viele Äcker bewirtschaftet. Dazwischen stehen die Steinhäuser der alten Siedlung, teilweise liebevoll renoviert. Den oberen Teil des Tals begrenzt ein großer Stausee. Am unteren Ortsausgang haben Sie vom Aussichtspunkt ✹ ★ *Ermita de Santo* einen atemberaubenden Blick in das 500 m tiefer gelegene Tal von Taguluche.
   In der *Bar Conchita, tgl. außer Fr 8.30–21 Uhr, Tel. 922 80 41 51, Kategorie 3,* sollten Sie unbedingt die Kressesuppe probieren.

**Chipude**                    (108/C 6)
Noch vor zweihundert Jahren war Chipude unter dem Namen

Temocodá der am dichtesten besiedelte Ort der Insel. Davon zeugt heute nur noch die große, dreischiffige Pfarrkirche <mark>Nuestra Señora de Candelaria</mark> aus dem 17. Jh. Den Schlüssel zur sehenswerten Kirche erhalten Sie in der gegenüber liegenden *Bar Candelaria (tgl. 7–20 Uhr, Tel. 922 80 41 13, Kategorie 3).* Die *Apartments der nahen Bar Sonja, tgl. 7–22 Uhr, Tel. 922 80 41 58, Fax 922 80 43 10, Kategorie 3,* bieten die einzigen akzeptablen Unterkünfte im Hochland.
   Der über 1200 m hohe Tafelberg *Fortaleza* (Festung) war früher spiritueller Versammlungsplatz der Ureinwohner und Rückzugsort bei Piratenüberfällen. Vom kleinen Weiler *Pavon* am Fuß des Bergs gelangen Schwindelfreie über Natursteintreppen durch eine Felsrinne auf den ✹ Gipfel. Von dort haben Sie einen wunderbaren Rundblick.

**El Cercado**                    (109/D 5)
Die Bewohner des kleinen Ortes inmitten terrassierter Felder leben auch heute noch vorwiegend von einer bescheidenen Selbstversorgerwirtschaft. In den einzigen traditionellen *Töpfereien* der Insel können Sie den Frauen bei der Fertigung von einfachen Schalen, Krügen und anderem Geschirr zusehen. In der gemütlichen *Bar Victoria, tgl. außer Mi 9–21.30 Uhr, Tel. 922 80 41 46, Kategorie 2,* nebenan werden Spezialitäten wie Kaninchen, Ziege, Eintöpfe und traditionelle Nachspeisen serviert.

**Las Hayas**                    (108/C 5)
In einer wunderbaren Naturlandschaft am Rande des Lorbeerwaldes und des »Tals der

*Der Tafelberg Fortaleza, einst spiritueller Mittelpunkt der Insel*

tausend Palmen« liegt die weitgestreute Ortschaft Las Hayas. An einem Platz, der überschattet wird von großen, duftenden Eukalyptusbäumen, finden Sie die *Bar Montana* der Wirtin Efigenia *(tgl. außer Fr 9–19 Uhr, Tel. 922 80 40 77, Kategorie 2).* Die Zutaten für das berühmteste Traditionsmenü der Insel stammen fast ausschließlich aus dem eigenen Garten. Nach einem Teller Ziegenkäse als Vorspeise gibt es Salat aus dem Garten, warmen, würzigen Gofiobrei, dann gehaltvollen Gemüseeintopf, und als Nachtisch Käsekrapfen mit Palmenhonig.

Achtung: Unter Umständen müssen Sie lange auf das Essen warten, und im Winter kann es in den zugigen Räumen ganz schön kalt werden.

### Los Organos (109/D 2)

Faszinierende, über 80 m hohe Felsformation aus Hunderten von freigewitterten Basaltsäulen, die wie die Pfeifen einer riesigen Orgel wirken. Das in der Steilküste des Nordwestens gelegene Naturwunder kann nur mit Ausflugsschiffen über den Seeweg erreicht werden und wird deshalb in diesem Kapitel erwähnt. *(Siehe Bootsausflüge/Segeln S. 45)*

### Mirador de Palmarejo (108/B 5)

In den Steilwänden oberhalb des Valle Gran Rey klebt in einer Höhe von 600 m wie ein Adlerhorst dieses von dem berühmten Designer César Manrique gestaltete  Aussichtsrestaurant *(Di 19–22 Uhr, Mi–So 12.30–16 und 19–22 Uhr, Tel. 922 80 58 58, Kategorie 2).* Von der Dachterrasse oder durch die riesige Glasfront des Restaurants haben Sie einen traumhaften Blick auf das direkt unter Ihnen liegende Valle Gran Rey. In der sehr gepflegten Gartenanlage wachsen überwiegend endemische Pflanzen. Das Restaurant mit Lehrbetrieb bietet traditionelle kanarische Küche. *Der Mirador liegt zwischen den Tunneln an der oberen Talstraße.*

# Herrliche Wege durch verwunschene Wälder

*Fruchtbare Täler, raue Gebirgslandschaften,*
*ein Nationalpark und viel Kultur*

Gut befeuchtet von den hereinziehenden Wolken des Nordostpassats präsentiert sich der Norden der Insel in einem satten Grün. Die höher gelegenen Flanken der steilen Gebirgszüge bedecken die Nebelwälder des Nationalparks, und in den fruchtbaren und wasserreichen Tälern von Hermigua und Vallehermoso wachsen auf weitläufigen Terrassenfeldern Bananen und Wein. Das feuchte Klima schafft auch optimale Bedingungen für herrliche Obst- und Blumengärten und eine buntgemischte subtropische Flora. Von jeher war der Norden das Zentrum der Landwirtschaft. Noch heute zeugen viele Herrenhäuser und stattliche Fincas vom ehemaligen Reichtum der Großgrundbesitzer. Uralte malerische Orte und traditionelles Kunsthandwerk sind sehenswerte Zeugnisse einer langsam aussterbenden Kultur.

*Blick vom Garajonay hinüber zum Teide auf Teneriffa*

Die wilde Steilküste und der oft wolkenverhangene Himmel sind nicht geeignet für sonnenhungrige Badegäste. Doch kulturinteressierte und naturbegeisterte Individualtouristen, die die Ruhe und Abgeschiedenheit eines ländlichen Urlaubs bevorzugen, finden hier ideale Bedingungen. Sie können ausgedehnte Wanderungen durch die herrliche Gebirgslandschaft und den nahen Nebelwald unternehmen, Kunsthandwerksmuseen und alte Kirchen besichtigen oder in einer Winzerei einen guten Landwein probieren. Hilfreich bei Ausflügen ist dabei die auf der Insel einmalige Straße in Küstennähe, die Ortschaften und Taldeltas direkt miteinander verbindet.

## ALOJERA

**(108/B 4)** Von der Talstraße nach Vallehermoso zweigt hinter dem Restaurant Chorros de Epina eine kleine Straße nach links ab. Sie bietet einen herrlichen

*Palmenoase in der Nähe der Ortschaft Alojera*

Blick auf die mächtigen Gebirgszüge und Täler um den Ort Alojera. Sie gehören zu den einsamsten und geologisch aufregendsten Landschaften der Insel. Wie die Kulisse für einen Phantasiefilm wirken das ==wild zerklüftete *Galión-Gebirge*== und das in ein Meer von Palmen eingebettete *Tazo*. Einmalig sind die wüstenähnliche *Cumbre de Chiguere* und der wunderbare Blick vom Aussichtspunkt ❀ *Buenavista*. Bei Alojera finden Sie eine der schönsten Badebuchten der Insel und ein vielseitiges Wandergebiet.

## RESTAURANTS

### Bar Ossorio
Gemütliche Bar mit schmackhafter kanarischer Küche und freundlicher Bedienung. *Tgl. 8–14 und 17–22 Uhr, Alojera, Plaza, s/n, Tel. 922 80 03 34, Kategorie 3*

### Bar Prisma
❂ Das Restaurant in traumhafter Lage direkt am Strand bietet köstliche Fischspezialitäten. *Tgl. 10–22 Uhr, Playa de Alojera, Tel. 922 80 07 03, Kategorie 2*

## HOTELS

### Apartamentos Miguel Brito
14 geschmackvoll eingerichtete, große Apartments mit Sonnenterrasse direkt am Meer. *Playa de Alojera s/n, Tel. 922 80 02 17 und 922 80 07 03, Kategorie 3*

### Apartamentos Ossorio
Im Ort gelegene einfache und saubere Apartments mit Terrasse; außerdem idyllisch gelegene *casas rurales. 4 Apartments, 2 Häuser, in der Nähe des Kirchplatzes, Tel. 922 80 03 34, Kategorie 3*

## SPIEL UND SPORT

### Baden
Über eine kleine Stichstraße erreichen Sie die ==schöne Badebucht== in der Steilküste unterhalb von Alojera, die durch Wellenbrecher vor der Brandung ge-

schützt ist. Sie bietet die einzige Badegelegenheit an der Küste des Nordwestens.

## Wandern

Eine große Zahl herrlicher Wanderwege führt durch die aufregend vielfältige Naturlandschaft. Gratwanderungen durch den Lorbeerwald, die Durchquerung der einsamen Landschaften der *Cumbre* bis zum atemberaubenden Aussichtspunkt ᐁ *Buenavista* und die abenteuerlichen Abstiege ins Tal von Vallehermoso sind nur einige der Highlights, die dieses ausgedehnte Wandergebiet zu bieten hat.

### Arguamul                    (108/C 2)

Der ehemalige Fischerort liegt mit seinen alten Häusern malerisch an einem steilen Hang über einer wilden Küstenlandschaft. Ein steiler Pfad führt zum Meer hinunter, wo sich die riesigen Wellen des Atlantischen Ozeans an den vorgelagerten, markanten Felsformationen brechen. Von Tazo führt eine Staubpiste zum unteren Ortsteil.

### Chorros de Epina            (108/C 4)

Wenn Sie endlich im Lotto gewinnen wollen oder Wert legen auf Gesundheit und Liebesglück, dann müssen sie unbedingt das Wasser aus den magischen Quellen von Epina trinken. Kurz vor dem gleichnamigen Restaurant an der Straße nach Vallehermoso geht's links auf einer Erdpiste zu einer kleinen Kapelle und von dort über eine Treppe zu einem lauschigen Waldplatz mit den Quellen.

### Cumbre
### de Chiguere          (108–109/C–D 2)

★ Von der Ermita Santa Clara oberhalb von Arguamul erstrecken sich Richtung Norden die kargen Bergrücken der Cumbre de Chiguere.

Bei Entstehung der Insel wurde hier eine Platte vom Meeresgrund nach oben gedrückt, die mit vielfarbigen Sandwüsten, Hügeln aus hellem Muschelsand und vulkanischen Gesteinsformationen noch heute an eine Unterwasserlandschaft erinnert. Sie endet am nördlichsten Punkt der Insel beim Aussichtspunkt *Buenavista.* ᐁ Umwerfend ist

# MARCO POLO TIPPS
# FÜR DIE NORDHÄLFTE

**1** **Bodegon Roque Blanco**
Inseltypische Küche, eindrucksvoller Blick (Seite 62)

**2** **Hotel Ibo Alfaro**
Exquisites Hotel im Landhausstil mit historischem Ambiente (Seite 59)

**3** **Cumbre de Chiguere**
»Unterwasserlandschaft« in der Sandwüste (Seite 53)

**4** **Parque Nacional de Garajonay**
Lorbeerwald mit moosbewachsenen Baumriesen (Seite 59)

von hier der Blick auf den Teide, auf die Täler und Stauseen um Vallehermoso und die kühn geschwungene Steilküste des Nordens. Zum Aussichtspunkt führt eine gut ausgebaute Piste, die oberhalb des Ortes Tazo abzweigt, nach Regenfällen mit normalen Autos aber nicht passierbar ist. Unmittelbar hinter der Ermita Santa Clara startet ein schmaler Wanderweg, der direkt am Rand der Steilküste durch die Cumbre verläuft und spektakuläre Ausblicke bietet.

## Taguluche                    (108/B 5)

Zwischen den grandiosen Gebirgskulisse des Galión-Gebirges und dem mächtigen Bergrücken La Mérica liegt abgeschieden der fruchtbare Talgrund von Taguluche. An den Hängen kleben die weit verstreuten Ansiedlungen der Ortschaft, umgeben von lichten Palmenhainen. Die wenigen Menschen, die hier noch leben, bewirtschaften die Felder für den Eigenbedarf und betreiben ein wenig Viehzucht.

Sie erreichen den Ort über eine Nebenstraße, die von der Straße nach Alojera abzweigt, oder vom Aussichtspunkt Ermita de Santo bei Arure zu Fuß über zwei steile Eselspfade.

## Tazo                          (108/C 3)

Der kleine Ort liegt mit seinen alten Häusern mitten in einem Meer aus Palmen und ist berühmt für seinen hervorragenden *miel de palma*.

## Nationalpark (Parque Nacional de Garajonay)      (109/D–F 4–6)

★ Das Herz der Insel Gomera schlägt in den Bergen, wo auf Naturfreunde und Wanderer ein herrlicher, immergrüner Nebelwald wartet. Wie eine Oase liegt dieser Mischwald aus Lorbeerbäumen und Baumheide in der wilden, zerrissenen Gebirgslandschaft, 900–1400 m über dem Meeresspiegel.

Einem grünen Kragen gleich schlingt er sich um den höchsten Gipfel, den *Garajonay,* bedeckt den Grat der Insel und fließt nach Norden hin die steilen Hänge hinunter, wo er sich in unzugängliche Barrancos schmiegt.

Er ist ein Dinosaurier unter den Wäldern, Millionen Jahre alt, ein Relikt aus dem Tertiär. Damals waren im gesamten Mittelmeerraum Lorbeerwälder vorherrschend, wurden jedoch in der Eiszeit vernichtet. Im milden Klima der Kanaren konnten sie überleben. Ursprünglich war fast ganz Gomera von diesen Wäldern bedeckt. Aber durch Kahlschlag und Rodungen wurden große Bestände vernichtet. Noch in den sechziger Jahren gab es Bestrebungen, den gesamten Wald abzuholzen. Doch auf Betreiben von Naturschützern wurden die restlichen knapp 4000 ha Wald 1981 unter Naturschutz gestellt und als *Parque Nacional de Garajonay* zum Nationalpark erklärt. Vier Jahre später nahm die Unesco den in seiner Ausformung und Größe einmaligen Lorbeerwald in die Liste schützenswerter Kulturgüter auf.

Um den Erhalt und die Pflege des Nationalparks kümmert sich heute die engagierte Forstbehörde ICONA, die auch sehr informative Wanderungen unter sachkundiger Führung anbietet.

Schon das Betreten des Waldes wirkt wie ein Zauber. Von den uralten, knorrigen Baumriesen hängen lange Bartflechten herab, und die Stämme sind mit samtigem Moos bewachsen. In Streifen fällt Sonnenlicht durch das dichte Blätterwerk der mächtigen Baumkronen und zaubert tanzende Muster auf die Blumenteppiche. Hell leuchten riesige Farne zwischen umgestürzten Baumstämmen, und im dunklen Unterholz wachsen Pilze, Kräuter und wilde Orchideen. Für viele Einheimische ist er ein Hexenwald, für andere ein verwunschener Märchenwald, in dem sich Feen und Hobbits gute Nacht sagen.

Oft hüllen durchziehende Passatnebel den Wald in ein gespenstisches, milchiges Grau und schaffen die geheimnisvolle Kulisse eines tropischen Regenwaldes, in der die dunkeln Bäume mit den Schleiern aus langen Flechten wie bizarre Scherenschnitte wirken. Mit ihrem dichten Blattwerk kämmen sie die Feuchtigkeit aus den Nebeln und geben sie langsam an den Boden ab. Von dort sickert das Wasser zu den tiefer liegenden Tälern, wo es als Quelle wieder zu Tage tritt. Bricht später die Sonne durch, glitzern und funkeln unzählige Tautröpfchen auf den Blättern der Bäume.

Mittelpunkt des Nationalparks ist das sanfte *Cedro-Tal,* das sich vom Fuß des Garajonay Richtung Norden erstreckt. Ganzjährig fließt hier ein sprudelnder Bach, den besonders beeindruckende Lorbeerbäume säumen, umrankt von Efeu und behangen mit einem Gewirr aus Lianengewächsen. Der schmale Pfad entlang des steinigen Flussbetts führt immer wieder über kleine Holzbrücken, vorbei an Wasserfällen und einer verwunschenen Kapelle, die malerisch an einer Lichtung liegt. In dieser Umgebung vergessen Wanderer schnell, dass nur 10 km Luftlinie entfernt der Atlantische Ozean an die Steilküste brandet.

Am Ende des Tales drängen sich die kleinen Häuser und Fincas des Weilers El Cedro an die grünen Hänge.

*Inmitten des Nationalparks fließt ganzjährig der Cedro-Bach*

Ein begehbarer Wassertunnel von ca. 600 m Länge führt zur Straße nach Hermigua, oder ein atemberaubender Wanderweg entlang einer tiefen Schlucht, die der Cedro-Bach als imposanter Wasserfall hinunterstürzt. Der Weiler ist auch mit dem Auto über eine Erdpiste zu erreichen. Ebenfalls auf einer Erdpiste können Sie, vorbei am Ort Los Acevinios, den Nationalpark mit dem Auto durchqueren. Aber auch eine große Anzahl herrlicher Wanderwege durchziehen den Naturpark, die mit Holzschildern gut gekennzeichnet wurden.

Wer auf eigene Faust wandert, sollte eine gute Karte, Proviant und ausreichend Wasser mitnehmen und aufpassen, dass er nicht in die Dämmerung gerät. Regenkleidung ist wegen möglicher Wetterumschwünge unabdingbar. Die Wege sind oft sehr steil und steinig und erfordern festes Schuhwerk und Trittsicherheit. Auf keinen Fall dürfen Sie offenes Feuer machen, Abfälle liegen lassen, Pflanzen ausreißen, wild zelten oder gesperrte Gebiete betreten. Für unerfahrene Wanderer ist es unter Umständen sinnvoll, sich einer geführten Wanderung anzuschließen. Diese werden über Reisebüros, Verkaufsstellen und Reiseleitungen vermittelt.

Beliebter Ausgangspunkt für Wanderungen ist die *Laguna Grande,* ein ehemaliger Kratersee im Zentrum des Nationalparks. Die riesige Lichtung nahe der Höhenstraße ist mitten im schönsten Wald gelegen, mit Kinderspielplatz, einigen Grillstellen und einem guten Restaurant mit traditioneller Küche. Neben einem sehenswerten Lehrpfad sind die umliegenden Wanderwege anschaulich auf einer Holztafel eingezeichnet. Nachts wird der Platz von vielen älteren Einheimischen gemieden, denn er gilt bei ihnen als Versammlungsplatz der Hexen.

Umfassende Informationen über den Nationalpark erhalten Sie im Museum und Besucherzentrum *Juego de Bolas* am nördlichen Rand des Parks, beim Örtchen Las Rosas. Anschaulich wird dort an einem Modell die Geologie der Insel dargestellt, und ein kleines Kino zeigt Filmdokumentationen in deutscher Sprache. Das angegliederte heimatkundliche Museum zeigt traditionelles Haushalts- und Arbeitsgerät und den Nachbau eines altkanarischen Hauses mit Küche, Wohn- und Schlafraum.

## HERMIGUA

(**110/B–C 3–4**) Mit knapp 1800 Einwohnern ist die aus ca. 900 m Höhe sich über 6 km bis zum Meer ziehende Streusiedlung Hermigua die zweitgrößte Ortschaft auf Gomera. Westlich vom zerklüfteten Gebirgskamm des Enchereda (1065 m) gesäumt, eröffnet sich den Besuchern die größte und wasserreichste Schlucht der Insel: ein langgezogenes, weites Tal, das durchgehend vom oberen Ortsteil (Valle alto) bis zum Meer im unteren Ortsteil (Valle bajo) mit Bananenplantagen durchzogen ist. Für die Fruchtbarkeit des Tales sorgen der ganzjährig fließende Cedro-Bach, die drei Stauseen und besonders der ganzjährige Nordostpassat mit Wolken und Nebelschwaden.

Den oberen Ortsteil überragen die Zwillingsfelsen Roques de San Pedro (430 m).

Der untere Ortsteil mit dem Kirchplatz und dem gegenüberliegenden Rathaus *(Ayuntamiento)* bildet das kommerzielle Zentrum von Hermigua. Kurz vor dem Strand teilt sich die Straße. Nach rechts geht es weiter zur Playa de Santa Catalina und zum Meeresschwimmbecken, geradeaus nach Agulo.

### Klosterkirche San Pedro

Die sehr alte, im Jahre 1515 erbaute Klosterkirche der Dominikaner wurde im Sommer 1999 renoviert. Im Inneren der kleinen Kirche sind kunsthistorisch relevante Holzreliefs, holzgetäfelte Kassettendecken im Mudéjarstil und Gemälde und Bilder der Escuela Popular zu sehen. *Am Dorfplatz El Convento, im oberen Stadtteil*

### Pfarrkirche Nuestra Señora de la Encarnación

Die im 17. Jh. erbaute Kirche wurde 1711 völlig zerstört und erst 1927 wieder aufgebaut. Besonders sehenswert sind der hölzerne Hochaltar und die Madonnenfigur. *Plaza de la Encarnación, im unteren Ortsteil*

### Museo Etnográfico Virgilio Brito

Dieses volkskundliche Museum mit einer Privatsammlung altkanarischer Fundstücke des ehemaligen Kulturabgeordneten Virgilio Brito ist wegen Umbauarbeiten vorerst geschlossen. *Ctra. General del Norte, 95*

### Museo Los Telares

Alte Webstuhlanlage, wo sich früher die Frauen des Ortes trafen, um gemeinsam Weberei- und Stickereiarbeiten (vor allem die als Fenstervorhänge gegen die Kälte benutzten Flickenteppiche sowie Tischdecken mit Lochstickerei) anzufertigen. Haushaltsgeräte wie die alten Holzmörser und Suppenschüsseln runden den Einblick in das Leben früherer Zeiten ab. *Ctra. General del Norte 29, gegenüber dem Convento, Mo–Fr 10–13 und 17–19 Uhr*

### Bar Piloto

Urige, authentische Bar mit nur drei Tischen, kleiner Küche (Spezialität ist frischer Fisch) und viel Lokalkolorit. Schöner Blick aufs Meer. *Playa Santa Catalina (neben El Faro), tgl. 12–24 Uhr, Kategorie 3*

### Bar-Restaurante El Faro

Kleines, gemütliches Lokal am Ende der Hauptstraße Richtung Playa Santa Catalina, inseltypische Tapas und Hausgerichte (Fisch, Fleisch, Kressesuppe). *Playa Santa Catalina, tgl. 11–17 und 19–23 Uhr, Kategorie 3*

### Bar-Restaurante El Silbo

Überdachtes Terrassenlokal mit herrlichem Blick auf Teneriffa und den Teide, gemütliche Einrichtung, Karte mit kanarischer Küche, insbesondere Fleischgerichte, separate Bar. *Ctra. General del Norte 102, tgl. 11.30–24 Uhr, Kategorie 3*

### Café-Restaurante Casa Creativa

◉ Das Café mit Terrasse und Bar ist Treffpunkt für Einheimische und Touristen *(tgl. 9–22 Uhr)*.

Unterhalb des Cafés ist der Eingang zum gediegen eingerichteten Restaurant im Wohnzimmerstil mit gemütlicher Sitzecke und Klavier. Komplette Menükarte mit Fisch, Fleisch und vegetarischen Gerichten. *Ctra. General del Norte 56, tgl. 18–21 Uhr, Tel. 922 88 07 51, Kategorie 2*

### Casa Luis

Als Insidertipp gilt der kleine, unscheinbare Laden mit kleinem Speiseraum von Luis und Antonia in Las Rosas. Hier bekommen Sie die besten Tapas und Gerichte gomerianischer Küche: herzhafte Tortilla, Tomaten mit köstlicher Knoblauchsauce, Ziegenfleisch, Fleischbällchen in Tomatensoße *(albondigas)* und selbstverständlich selbstgemachte *mojo rojo.* Zum Nachtisch sollten Sie unbedingt das reichhaltige Mandelmus mit Honig *(bienmesabe)* probieren. *Plaza de Santa Rosa de Lima, Kirchplatz des Weilers Las Rosas, ca. 10 km, auf halbem Weg nach Vallehermoso. Tgl. außer Mi 9–22 Uhr, Kategorie 3*

**EINKAUFEN**

### Capitol

Traditionelle Keramikwerkstatt. Verkauft werden inseltypisches Kunsthandwerk, Korbwaren, Handtaschen aus Palmen- und Bananenblättern, Gemälde von zeitgenössischen einheimischen Künstlern und allerlei Souvenirs. *Ctra. General del Norte 195, tgl. 10–20 Uhr*

### Los Telares

Laden der Besitzerin Doña Maruca mit gewebten Flickenteppichen, Decken mit raffinierter Lochstickerei und Korbwaren. *Ctra. General del Norte 29, Mo–Fr 10–13 und 17–19 Uhr*

**HOTELS**

### Apartamentos El Casino

Das umgebaute ehemalige Casino ist eine der schönsten Unterkünfte am Meer, mit sechs großräumigen Apartments auf zwei Ebenen und moderner Einrichtung. *Playa Santa Catalina 20,*

*Das lichte Innere des Restarants Casa Creativa*

58

*Tel. 922 88 01 63, Fax 922 88 01 63, Kategorie 3*

**Apartamentos Los Telares**
Großes ehemaliges Herrenhaus im kanarischen Stil, umgebaut zur Apartmentanlage, großer Aufenthaltsraum mit Kamin. *22 Zi., Ctra. General del Norte (km 19,2), Tel. 922 88 07 81 oder 922 88 03 02, Kategorie 3*

**Casa Creativa**
Restauriertes altes Landhaus in kanarischem Stil, Anlage mit Garten, Swimmingpool und Sonnenterrasse, geschmackvolle Einrichtung. *8 Apartments, Ctra. General del Norte 56, Tel. 922 88 10 23, Fax 922 88 07 51, Kategorie 2*

**Hotel Ibo Alfaro**
★ Exquisites Hotel im Landhausstil in östlicher Hanglage von Hermigua, aufwendig restauriert. Stilvoll ausgestattete Zimmer für gehobene Ansprüche, Sonnen- und Frühstücksterrasse, kompetente deutsche Hotelführung. *16 Zi., 1 Suite, über 2 Etagen versetzt, Barrio de Ibo Alfaro s/n, Tel. 922 88 01 68, Fax 922 88 10 19, Kategorie 1*

## SPIEL UND SPORT

**Baden**
Die wilden Steilküsten des Nordens und die heftige Brandung sind nicht geeignet für einen reinen Badeurlaub. Doch Schwimmen ist möglich in den Meeresschwimmbecken von Vallehermoso und Hermigua und an der sehr schönen, geschützt liegenden Badebucht La Caleta.

Das Meeresschwimmbecken *(Piscina Natural El Pescante)* von Hermigua finden Sie am Ende der Küstenstraße der Playa de Hermigua, am ehemaligen Hafen. Das steinige Schwimmbecken mit Wellenbrecher liegt zwischen schützenden Felsen und bietet Ihnen einen herrlichen Blick auf Teneriffa. Angegliedert ist eine kleine Bar (El Pescante, *Ende Juni–Ende Sept. tgl. 12–23 Uhr, kein Tel., Kategorie 3)* mit Terrasse.

Zum *Badestrand La Caleta* gelangen Sie entweder zu Fuß oder mit dem Auto.

An der Abzweigung zum Meeresschwimmbecken befindet sich an einem grünen Treppengeländer der beschilderte Einstieg in die ca. einstündige Wanderung (nur mit Wanderschuhen!) zur Playa La Caleta. Diese windgeschützte Bucht mit Kies-Sand-Strand und einem idyllisch gelegenen Terrassenlokal gilt als Tip für Badefreunde. Allerdings ist auch hier wegen der gefährlichen Brandung Vorsicht geboten! In der Strandbar Maria *(April–Anfang Okt. tgl. 10 bis 19 Uhr, kein Tel., Kategorie 3)* ist neben Tapas, Salat und frittiertem Fisch besonders der leckere Kichererbseneintopf *(garbanzas)* zu empfehlen. Mit dem Auto erreichen Sie die Bucht vom selben Abzweig aus nach 30 Minuten über eine ausgeschilderte, kurvenreiche Schotterpiste.

**Wandern**
Der *Nationalpark* oberhalb von Hermigua ist eine traumhaftes Wanderparadies, das Sie vom oberen Talabschnitt aus gut erreichen können. Unterhalb der *Roques de San Pedro* beginnt der 1,5 stündige Wanderweg (Steilaufstieg) vorbei an der alten *Go-*

fiomühle über die kleine *Ermita San Juan* zum *Wasserfall des Cedro-Baches* im gleichnamigen Weiler El Cedro. Einstieg in die Wanderung: Innerhalb der Anlage Los Telares führen zwischen den Häusern Steintreppen auf die Straße nach Lomo San Pedro, vor der nächsten Linkskurve, links über die kleine Brücke, danach beginnt rechter Hand der eindeutige Wanderpfad (nur mit Wanderschuhen!).

Im kleinen Weiler El Cedro empfiehlt sich eine Einkehr in dem rustikal eingerichteten Terrassenlokal *Bar la Vista:* Hier können Sie sich nach dem Aufstieg bei herrlichem Ausblick von der einheimischen Wirtin Juana mit inseltypischer Küche verwöhnen lassen. Tipp: Brunnenkressesuppe *(potaje de berros)* aus den landestypischen Holznäpfen mit Gofiomehl, mit Safran gekochtes Ziegenfleisch sowie der immer frische gemischte Salat mit Ziegenkäse, Avocado und Oliven. *Tgl. 9–23 Uhr, Kategorie 3*

## AM ABEND

Wegen der traumhaften Lage am Meer mit Blick auf den Teide ist in den Sommermonaten die Bar-Terazza El Pescante am Meeresschwimmbad von Hermigua besonders zu empfehlen.

## AUSKUNFT

### C. I. T. – Centro
### de Initiativas y Turismo
Über das C.I.T erhalten Sie neben detaillierten Auskünften über den Norden auch Informationen und Fotos von sehr schön und ruhig gelegenen Landhäusern *(casas rurales)* in der Umge-

bung. *Ctra. General del Norte 165, Mo–Fr 8–20 Uhr, Sa 8–13 Uhr, Tel./Fax 922 14 41 01, E-Mail: gomera@canary-islands.com*

## ZIELE IN DER UMGEBUNG

### Agulo                          (110/B-C 3)
Agulo ist die Hauptstadt der gleichnamigen und mit 1500 Einwohnern kleinsten Gemeinde Gomeras. Umgeben von schroffen Steilwänden und exakt angelegten Bananenterrassen präsentiert sich das schönste Dorf der Insel malerisch auf einer 200 m über dem Meer gelegenen ⚜ Felskuppel und bietet dem Besucher einen überwältigenden Panoramablick auf die Nachbarinsel Teneriffa. Das Ortszentrum bildet die Plaza Leonico Bento mit der neugotischen Kirche San Marcos, die wegen ihrer weißen Dachkuppeln von den Einheimischen auch mezquita (Moschee) genannt wird. In der Schule von Agulo wird die Pfeifsprache El Silbo in Seminaren auf freiwilliger Basis wiederbelebt.

Zur Einkehr empfehlenswert: *Café Lila,* charmantes, kleines, ockerfarbiges Café in einem renovierten alten Steinhaus mit Holzbalken, *tgl. 9–14.30 und 17.30 bis 24 Uhr, C/. General, Kategorie 3;* und *Bar-Restaurante El Club/Centro de Amistad,* Lokal im Dorfinneren mit Lokalkolorit, Frühstück und gute Tapas, *C/. de Pintor Aguiar, tgl. außer So 12–15 und 18–22 Uhr, Tel. 922 14 62 06, Kategorie 3.* Für einen längeren Aufenthalt bieten sich die *Apartamentos La Escuela* an, eine ruhige, gepflegte, moderne Apartmentanlage mit Sonnenterrasse. *9 Zi./ Apartments, C/. Pintor Aguiar 10,*

*Tel. 922 14 61 94, Fax 922 14 61 77, Kategorie 2*

## <mark>Centro de Visitantes Juego de Bolas</mark> (110/B 3)

Die von der nationalen Naturschutzbehörde ICONA stilvoll und luxuriös ausgestattete Anlage 14 km von Hermigua entfernt ist ein Muss: Es erwarten Sie ein großer, klar gegliederter Botanischer Garten, Informationskarten und farbige Schautafeln zu Geologie, Klima, Flora und Fauna der Kanarischen Inseln, ein alle 30 Minuten gezeigter kostenloser Dokumentarfilm über die Entstehung und Vegetation der Insel, ein separater, museal eingerichteter Raum über das Leben und die Kultur der Guanchen sowie drei Geschäfte mit kanarischem Kunsthandwerk *(Di–So 9.30–16.30 Uhr, Tel. 922 80 09 93).*

Dem Besucherzentrum angegliedert ist das rustikal eingerichtete Lokal mit Sonnenterrasse *El Tambor,* Öffnungszeiten wie das Centro, *Kategorie 2.* Die kleine Straße zwischen den Gebäuden führt Sie zu einem sagenhaften ☙ Aussichtspunkt oberhalb der Ortschaft Agulo.

## Lepe (110/C 3)

Vom Strand von Hermigua führt eine Stichstraße zum nur 1 km entfernten, verträumten Örtchen Lepe. Der von knapp 15 Personen bewohnte Ort liegt romantisch zwischen Gemüseterrassen und schmalen Gassen. Wer Stille und Abgeschiedenheit sucht, kann hier eine idyllisch gelegene Unterkunft buchen: *Los Delphines, 2 Apartments mit Sonnenterrasse, Tel. 922 88 07 81, Fax 922 14 41 07, Kategorie 2.*

# VALLEHERMOSO

**(109/D–E 2–3)** Vallehermoso heißt »Wunderschönes Tal« – zu Recht. Am Fuß des gewaltigen Felsens *Roque Cano* (650 m) erstreckt es sich vom Meer bis zum oberen Ortsteil Macayo als eine bilder-

*Blick auf die Ortschaft Vallehermoso im gleichnamigen Tal*

buchmäßige Terrassenlandschaft, in der vorwiegend Bananen, Kartoffeln, Mais und Wein angebaut werden. Die Hauptstadt (ca. 800 Ew.) der mit knapp 120 qkm größten Gemeinde Gomeras ist bekannt als Zentrum des Handwerks der traditionellen Korbflechterei.

Mittelpunkt des Dorfgeschehens ist die *Plaza de la Constitución,* die als Verkehrsknotenpunkt von Banken, Bars und Geschäften gesäumt ist. Schöne alte Herrenhäuser stehen am Kirchplatz *Plaza de la Immaculada.* An der Playa de Vallehermoso sind ein *Parque Maritimo* und ein *Jardin Botanico* in Bau.

## BESICHTIGUNGEN

### Finca los Roquillos
Die Finca im Barranco del Macayo keltert einen eigenen Landwein, den wohlschmeckenden *Roque Cano,* und destilliert einen eigenen Schnaps, den *Aguardiente de Parra. Anmeldung für einen Besuch unter Tel. 922 80 00 95.*

### Gofiomühle (Molino de Gofio)
Hier können Sie die Herstellung des kanarischen Grundnahrungsmittels Gofio (Maismehl) verfolgen: die Röstung der Maiskolben und das anschließende Zermahlen der Maiskörner in einer fast 2 m hohen Gofiomühle. *C/. Palmar Alto 49, Haus mit großer grüner Doppeltür*

### Traditioneller Korbflechter
Der älteste, heute pensionierte Korbflechter des Ortes, José Correa Méndez, erledigt nur noch Auftragsarbeiten. Im *Barranco del Igenio* liegt seine kleine Werkstatt, ausgeschildert mit dem Schild

»Artesanía«. Sie finden sie ca. 25 m hinter dem kleinen Kirchplatz der *Ermita del Carmen* am malerischen Stausee *Encantadora.*

### Weinbaugenossenschaft »La Vinicola de la Gomera«
Die einzige Weinbaugenossenschaft auf der Insel produziert Weine von gehobener Qualität. Gekeltert und abgefüllt werden hier der Weißwein *Garajonay* und der neue Rotwein *Tagara. Ctra. General s/n*

## RESTAURANTS

### Bar-Restaurante Amaya
❂ Zentraler Treffpunkt für Einheimische und Touristen gleichermaßen. Die offene Bar ist zum Platz hin gelegen, das Restaurant befindet sich im hinteren Bereich. Es gibt landestypische Gerichte. *Plaza de la Constitución 2, tgl. 8–23 Uhr, Kategorie 3*

### Bar-Restaurante La Romantica
Das herrlich oberhalb von Vallehermoso gelegene Lokal mit kleiner Terrasse und Blick auf das ganze Tal lohnt einen Autostopp. Besondere Empfehlung: auf dem Barbecue gegrilltes Fleisch. *Oberhalb von Macayo an der Höhenstraße gelegen, tgl. 9.30 bis 23 Uhr, Kategorie 2*

### Bodegon Roque Blanco
★ Abseits im Grünen liegt dieses Terrassenlokal mit dem schönsten Blicke auf das weite Tal von Vallehermoso. Landestypische Küche, spezialisiert auf Fleischgerichte. Am Stausee oberhalb vom Kirchplatz von Las Rosas über die Brücke, dann links der Straße 6 km weit bis zum Ende der Asphaltpiste folgen. *Cruz*

*de Tierno, Las Rosas, Di–So 10 bis 20 Uhr, ca. 14 km, Tel. 922 80 04 83, Kategorie 3*

### Tienda Rafael Cordero

Winziger uriger Laden, vollgestopft mit Holzregalen, und seit 65 Jahren in Familienbesitz. Selbstgemachter Käse, Palmenhonig, selbstgemachter Wein, *gomerón, mistela,* Maulbeerwein, *mojo, almogrote,* Feigen, Mandeln, Datteln sowie *chácaras* und *tambores. Plaza de la Constitución s/n, tgl. 10–18 Uhr*

### Casa Bernardo

Gemütliche, ruhig gelegene Unterkunft zu den rückwärtigen Terrassenfeldern. Zwei Wohnetagen mit zwei Doppelzimmern, Bad, Küche und sonnigem Innenhof. Familienfreundlich. *5 Zi., C/. Triana, Tel. 922 80 08 49, Kategorie 3*

### Hotel De Triana

Altes, im modernen Stil angelegtes Aparthotel mit restaurierten Steinmauern, atmosphärischer Innenhofbepflanzung und Sonnenterrasse. Ruhig gelegen und sehr geschmackvoll eingerichtet. *12 Zi., C/. Triana, Tel. 922 80 05 28, Fax 922 80 01 28, Kategorie 1*

### Pensión Amaya

Zentral gelegene Unterkunft im Ortskern. Sowohl Zimmer mit komfortabler als auch mit einfacher Einrichtung, teils zum Platz, teils zum Garten gelegen. *14 Zi., Plaza de la Constitución 2, Tel. 922 80 00 73/77, Fax 922 80 11 38, Kategorie 2–3*

Ayuntamiento (Rathaus), *Plaza de la Constitución, Mo–Fr 9–18 Uhr, Sa 9–13 Uhr, Tel. 922 80 00 00*

### Macayo                    (109/D 4)

Wenn Sie einmal sehen wollen, wie Palmensaft gewonnen wird, empfiehlt sich ein Ausflug nach Macayo, einer der schönsten älteren Ortschaften oberhalb von Vallehermoso. Dort sehen Sie einige Palmen, deren obere Blätter abgeschnitten sind. Der austretende Palmensaft *(guarapo)* ist nicht lange haltbar und wird sofort durch Erhitzen zu Sirup *(miel de palma)* weiterverarbeitet.

### Los Organos                (109/D 2)

Die Basaltsäulen sind auf dem Landweg nicht erreichbar. Sie werden ausführlich auf Seite 49 erwähnt.

### Stausee Encantadora     (109/D 4)

Der größte Stausee der Insel trägt zu Recht den Namen Encantadora (bezaubernd). Eingebettet in das friedliche Seitental *Barranco del Igenio* mit Gemüseterrassen, Obstbäumen und Palmen ruht dieser See bei der Ortschaft *La Rosa de las Piedras.*

### Tamargada                 (109/E 3)

Das malerische Örtchen mit seinen einstöckigen, ==ziegelgedeckten Langhäusern== liegt inmitten großer Palmenhaine und gilt als das besterhaltene Dorf im altkanarischen Stil. Die ausgedehnten Weinterrassen in und um Tamargada liefern die besten Trauben zur Herstellung des gomerianischen Landweins.

# Abgründe und Hochebenen

*Die kleinste Kanareninsel ist auch die ursprünglichste –*
*und wunderbar vielfältig*

**B**ei einem ersten Blick aus dem Fenster der Propellermaschine oder vom Sonnendeck der Fähre aus wirkt es winzig und ein wenig weltabgeschieden, das grüne Eiland in der Weite des Atlantischen Ozeans.

Doch die kleinste und ursprünglichste Insel der Kanaren hat es in sich. Auf engstem Raum schafft sie es, eine wunderbare Vielfalt landschaftlicher und klimatischer Gegensätze zu vereinen. Den Besuchern beschert Hierro ein Wechselbad konträrer Eindrücke. Fasziniert werden Sie entdecken, wie dicht hier das grüne Wunder eines fruchtbaren Hochlandes und die dunklen Abgründe eines vulkanischen Gesteingewitters beieinander liegen. Und wo der Winzling eben noch mit seiner Wolkenmütze über den Ohren vor sich hin träumte, da strahlt plötzlich und unvermutet die Sonne vom blauen Himmel.

Wo sich auf den Nachbarinseln wilde Gebirgslandschaften in den

Himmel türmen, bietet Hierro herrliche Hochebenen, die einmalig sind auf den Kanaren. Vom Hauptort Valverde erstrecken sie sich in südwestlicher Richtung und bedecken einen großen Teil der nur 270 qkm kleinen Insel. Auf den von Natursteinmauern durchzogenen, sattgrünen Weiden der Ebenen, die sich im Frühling in einen wahren Blütenteppich verwandeln, grasen Kühe, und durch die Einsamkeit der weitläufigen und wildromantischen Landschaft ziehen Schäfer mit ihren Herden. An den vulkanischen Ursprung der Insel erinnern zahlreiche rotbraune Vulkankegel und Krater, die in die weite Ebene eingestreut liegen. In den kleinen, ruhigen Dörfern mit den weißen kubischen Häusern und den bunten Gärten wird der Alltag der freundlichen Einwohner von einer spürbar gelassenen Lebensart bestimmt, die sich an traditionellen Werten orientiert. Auf den Äckern wird oft noch mit Eselsgespannen gepflügt, und in einigen kleinen Heimwerkstätten gehen Weberinnen und Holzschnitzer ihrer Arbeit nach. Die meisten land-

*Lavalandschaften prägen*
*die südliche Küstenregion Hierros*

## MARCO POLO TIPPS FÜR HIERRO

**1 Museumsdorf Guinea**
Blick in die Vergangenheit
(Seite 72)

**2 El Sabinar**
Ein einmaliger Wacholder-
wald aus knorrigen
Bäumen (Seite 76)

**3 Iglesia Santa Maria
de la Concepción**
Einst Bastion gegen
Piratenüberfälle (Seite 79)

**4 Tamaduste**
Helle Häuser vor dunklem
Vulkanberg (Seite 84)

wirtschaftlichen Produkte werden für den Eigenbedarf angebaut, aber es gibt auch Exportar-
tikel wie den hervorragenden
Wein und herzhaften Zie-
genkäse. Die nur 7500 Bewohner
der Insel, die Herrenos, verste-
hen sich als eine große und auch
wehrhafte Familie. Ob Bauer,
Viehzüchter oder Taxifahrer, fast
alle sind hier in Kooperativen or-
ganisiert. Nach Feierabend sitzen
die Menschen auf den Bänken
am Dorfplatz oder vor ihren
Häusern zusammen. Dann erzählen sie stolz davon, wie sie alle
gemeinsam auf Teneriffa eine
Demonstration von 20 000 Menschen auf die Beine stellten und
damit die Stationierung einer Ab-
schussrampe für europäische Sa-
telliten auf ihrer Insel verhindern
konnten.

Im Zentrum der Insel laden
wunderschöne Wälder zum
Wandern ein. Ein dichter Urwald
aus Lorbeerbäumen und Baumheide vermischt sich hier mit
den gewaltigen und Jahrhunderte alten Baumriesen des größten und schönsten Kiefernwaldes
der Kanaren.

Einmalig auf der Welt ist der
*Wacholderwald El Sabinar.* Die
mächtigen und uralten Bäume
wurden durch den meist stürmi-

schen Passat in einen skurrilen
Drehwuchs gezwungen und sind
oft in einen gespenstischen Nebel getaucht.

Nicht weit davon, an den son-
nenverwöhnten Küsten des Südens und um den kleinen Fischerort La Restinga, fasziniert
eine bizarre Mondlandschaft aus
Stricklavafeldern und Vulkanke-
geln. Am Fuß des Malpaso, der
mit 1500 m höchsten Erhebung,
erstreckt sich bis zum Leuchtturm Faro de Orchilla, der den
südwestlichsten Punkt Europas
markiert. Wer sich für die Flora
der Insel interessiert, der findet in
der strengen Schönheit dieser
schwarzen Wüsten eine Vielzahl
seltener und exotischer Pflanzen.
Sandstrände sucht man hier,
ebenso wie an den anderen Kü-
stenabschnitten, vergebens, aber
dafür gibt es in der zerklüfteten
Küste natürliche Badebuchten
*(charcos),* die durch vorgelagerte
Felsen vor der Brandung geschützt werden.

Einen beeindruckenden Kon-
trast zu den finsteren Vulkanlandschaften des Südens bietet
das fruchtbare Tal von El Golfo
an der Nordwestküste. Ur-
sprünglich stand an dieser Stelle
ein mächtiger, zum Meer hin ge-
neigter Vulkanberg, der durch

Erosion wegbrach und ein Drittel der Insel mit sich riss. In einem milden, subtropischen Klima wachsen hier in Meeresnähe Ananas und Bananen. Eingerahmt wird das Tal von gewaltigen Felswänden, die über 1000 m steil in den Himmel ragen und an deren Rändern sich die Passatwolken zu einem weißen Kragen zusammenballen.

Um die landschaftliche Schönheit und die Ursprünglichkeit der Insel zu erhalten, setzt die Inselregierung von Hierro auf einen sanften Tourismus und fördert nachhaltig den Umweltschutz. Ziel ist auch, die Identität der Herrenos zu wahren und Tourismuskonzepte auf die tradierten Lebensformen abzustimmen.

Mittlerweile wurde Hierro von der Unesco zum »Welt-Biosphären-Reservat« erklärt – der Beschluss wurde im Januar 2000 ratifiziert.

## FRONTERA/TIGADAY

**(117/D 3)** Das *Valle del Golfo* im Nordwesten entwickelt sich immer mehr zum beliebtesten Urlaubsziel der Insel. Beeindruckend sind die landschaftlichen Gegensätze, die hier aufeinander prallen. Die mächtigen, über 1200 m steil aufragenden Felswände geben einen guten Eindruck von der Größe des Vulkanberges, der hier ins Wasser absackte und ein riesiges Stück der Insel mit sich nahm. Das so entstandene Tal ist weitläufig und fruchtbar. An den Hängen wächst einer der besten Weine der Kanaren. In der Ebene verstreut liegen die weißen Häuser kleiner Ansiedlungen.

Eine gute touristische Infrastruktur finden Urlauber in den dicht beieinander liegenden Ortsteilen *Frontera* und *Tigaday* am Eingang des Tales. Die kleinen Restaurants, Hotels und Geschäfte haben sich gut auf den langsam wachsenden Tourismus eingestellt und bieten durchweg freundlichen Service. Sandstrände sucht man auch hier vergeblich, aber dafür lockt ein vielseitiges und teilweise spektakuläres Wandergebiet. Zu heiß wird es

*Der Glockenturm der Kirche steht separat auf einem Lavahügel*

einem bei Ausflügen aller Art selten, denn oft hängen an den Rändern der Steilwände dicke Passatwolken und werfen lange Schatten ins Tal.

## BESICHTIGUNGEN

### Campo de Lucha
Der kreisrunde Kampfplatz der kanarischen Ringer liegt gleich hinter der Kirche und erinnert ein wenig an eine kleine Stierkampfarena. Doch hier geht es weitaus fairer zu. Der streng reglementierte Ringkampf geht in einer langen Tradition bis auf die Ureinwohner der Insel zurück. Er erfordert von den meist schwergewichtigen Kämpfern Kraft und Geschicklichkeit gleichermaßen. Seit Jahren stellt Hierro den Meister in dieser beliebtesten traditionellen Sportart der Kanarischen Inseln.

### Nuestra Señora de la Candelaria
Die alte, schmucke Kirche liegt an der Plaza von Frontera. Wer auf der serpentinenreichen Straße ins Tal fährt, der sieht schon von Weitem den vom Kirchengebäude abgetrennten Glockenturm. Er steht exponiert auf einem Lavahügel und bildet vor einer schroffen, über 1000 m hoch aufragenden Steilwand eines der beliebtesten Fotomotive Hierros.

## RESTAURANTS

### Bar Joapira
Von der ☀ Terrasse der kleinen Bar am Kirchplatz in Frontera genießen Sie eine wunderbare Aussicht auf den von einer gewaltigen Felswand begrenzten nördlichen Teil des Tals und auf das Meer. *Plaza Candelaria 6, Frontera, Tel. 922 55 90 52, Kategorie 3*

### Bar Restaurante Artero
✸ Fast nur Einheimische verkehren in diesem Restaurant. An der Bar geht es meist hoch her, und im separaten, landestypisch gestalteten Speiseraum wird gehobene kanarische Küche geboten. Wer sich bemüht, ein wenig Spanisch zu sprechen, wird besonders freundlich bedient. *C/. Artero 20, Frontera, Tel. 922 55 50 37, Kategorie 2*

### Bar Restaurante El Guanche
✸ Beliebt bei Einheimischen und Touristen ist dieses kleine Restaurant mit viel Atmosphäre. Das durchweg gute Essen wird von einem aufmerksamem Personal serviert. *La Panadería 1, Tigaday, Tel. 922 55 90 65, Kategorie 2*

## EINKAUFEN

### Artesanía Madera Casa Nicio
Sehr stilvoll eingerichteter Kunsthandwerksladen, in dem

vorwiegend handgeschnitzte Becher und Schalen aus hochwertigem Holz vom Maulbeerbaum und der kanarischen Pinie verkauft werden. *Ctra. General 21*

### Bazar El Tucán
Neben Büchern gibt es Postkarten, sehr schöne Fotobände von Hierro, Kunsthandwerk, Souvenirs, Briefmarken und Reiseführer. <mark>Wer eine Auskunft benötigt, kann sich getrost an die nette und hilfsbereite Besitzerin wenden.</mark> *C/. Cruz Alta 12*

## HOTELS

### La Brujita
❧ In den steilen Hang gebaute, sehr ansprechende Anlage mit tollem Blick, Swimmingpool und hübsch eingerichteten Zimmern für bis zu sechs Personen. Zur Anlage gehört der einzige Tennisplatz im Tal. *12 Zi., Las Toscas s/n, Tel. 922 55 93 27, Fax 922 55 93 39, Kategorie 2*

### Hotelito Ida Inés
Sehr einladend gestaltetes kleines Hotel mit familiärer Atmosphäre und komfortabel eingerichteten Zimmern. Ein echter Luxus sind der Swimmingpool und bequeme Sonnenliegen auf der Dachterrasse. Der Service ist freundlich und professionell. *12 Zi., Camino del Hoyo s/n, Frontera, (von der Straße Frontera-Tigaday geht es rechts ab), Tel. 922 55 94 45, Fax 922 55 60 88, Kategorie 1*

### Apartamentos Frontera
Die geräumigen und sauberen Apartments sind zu einem blumengeschmückten Innenhof gelegen. Die neuen Studios nach hinten raus haben einen sehr schönen Blick. *26 Zi., C/. General s/n, Tigaday, Tel. 922 55 92 46, Kategorie 2*

### Apartamentos El Sitio
Sehr schöne und liebevoll gestaltete Anlage mit kleinen Häusern in altkanarischer Bauweise, die sich auf pflanzen- und blumengeschmückten Terrassen den Hang hoch zieht. Jedes Haus ist individuell und sehr geschmackvoll eingerichtet und verfügt über Bad und Küche. Herrlich ist der Blick auf das Tal und die Küste.

Für Gruppen steht ein großer Veranstaltungsraum zur Verfügung. Der Service ist sehr freundlich und kompetent. *El Lunchón, Carrera 26, (Nahe dem Kirchplatz von Frontera), Tel./Fax 922 55 98 43, Kategorie 2*

## SPIEL UND SPORT

### Baden
In den Wintermonaten ist wegen starker Brandung und gefährlicher Strömungen Schwimmen so gut wie unmöglich. Doch ganz auf das Badevergnügen muss keiner verzichten. Auch an der Küste der Golfregion gibt es geschützte Badeplätze *(charcos):* Die Wassertemperaturen liegen im Winter bei kühlen 19 und im Sommer um die 23 Grad.

Phantastische Aussicht, drei Badebecken und eine gute Infrastruktur mit Grillstelle, Liegeplatz, Dusche und Restaurant bietet der ❧ *Charco La Maceta* bei Las Puntas im Norden.

Auf halbem Weg zwischen Las Puntas und dem Pozo de la Salud, dort wo die Küstenstraße zur Piste wird, liegt der ausgeschilderte Badeplatz *Charco Azul,* zu dem vom Parkplatz aus ein schmaler

*Felsschwimmbecken mit Aussicht: Charco La Maceta*

Pfad führt. Halb in einer Grotte gelegen und durch ein Felsband geschützt, bietet er ideale Bedingungen zum Schwimmen und Plantschen im blaugrünen Wasser. Grillroste, Trinkwasser und betonierte Liegeflächen runden das Badevergnügen inmitten einer wilden und spektakulären Felskulisse ab.

Kurz vor dem Gesundheitszentrum Pozo de la Salud geht es rechter Hand zum *Charco Azul de Sabinosa* mit der Grotte Cueva La Laja. Der ebenfalls bestens geschützte Badeplatz ist vergleichbar mit dem Charco Azul.

Der rötlichbraune, feine Sandstrand der *Playa del Verodal* im Westen von Hierro ist mit Abstand der schönste der Insel, aber leider auch gefährlich. Gleich in Küstennähe gibt es tückische Strömungen, und von der dahinter aufragenden Steilküste droht Steinschlag. Trotzdem, einen Ausflug ist er allemal wert. Von der Straße Arenas Blancas Richtung Hochebene geht es an einem gut ausgeschilderten Abzweig rechts ab.

## Tennis

Der einzige Tennisplatz in dieser Region gehört zur Ferienanlage *La Brujita in Las Toscas, Tel. 922 55 93 27.* Für Gäste beträgt die Gebühr 300 Ptas.

## Wandern

Viele der herrlichen Wanderwege im Golftal führen über historische Verbindungswege, die *Caminos Reales.* Auf diesen Wegen zogen früher im Winter die Hirten von den Hochebenen ins milde Klima an der Küste. Serpentinenreich und oft abenteuerlich ziehen sie sich durch die Steilwände und bieten spektakuläre Blicke aus der Vogelperspektive. Wanderer mit Höhenangst finden schöne Wege durch das fruchtbare Tal oder entlang der Küste bei *Arenas Blancas* im Westen, zum riesigen Felsentor *Arce de la Tosca.*

ZIELE IN DER UMGEBUNG

**Lagatario**                    **(117/D 3)**
In unmittelbarer Nachbarschaft befindet sich das Lagatario, in

dessen Schauterrarium die Rieseneidechsen *Lagato gigante de Salmor,* die großen Brüder der Eidechsen, besichtigt werden können. Sie galten schon als ausgestorben, als sie Mitte der siebziger Jahre an den Roques de Salmor entdeckt und unter Artenschutz gestellt wurden. Die urzeitlich anmutenden Tiere erreichen eine Länge von bis zu 70 cm. Skelettfunde belegen, dass ihre Vorfahren sogar stolze 120 cm maßen. 1999 hat man einige Exemplare aus dem Terrarium wieder im Ursprungsgebiet ausgesetzt, wo sie sich offensichtlich wohl fühlen. *Di, Do und Sa 10–14 und 16–18 Uhr, Eintritt 500 Ptas*

## Las Puntas (117/D 2–3)

Die Region am nördlichen Ende des Golfo entwickelt sich immer mehr zu einem attraktiven Ferienort. Beeindruckend ist vor allem die Szenerie dieses Ortes. Steil ragen die Felswände des *Risco de Tibaraje* in den Himmel, und auf dem Meer brechen sich die Wellen an den markanten Felsformationen der *Roques de Salmor.* Das Wetter ist das beste im Golfo, und mit der *Playa del Cantadal* und dem *Charco La Maceta* bieten sich hier gute Bademöglichkeiten. Mittelpunkt dieses Küstenstreifens und ein Schmuckstück ist das laut Guinness-Buch der Rekorde kleinste Hotel der Welt, das *Punta Grande.* Mit seinen nur vier Zimmern liegt es exponiert auf einer von der Brandung umspülten Landzunge. Die sehr geschmackvolle Einrichtung steht ganz unter dem Motto Schifffahrt. Wer in den Liegestühlen auf der Dachterrasse Platz nimmt, hat leicht das Gefühl, an Bord eines Kreuzfahrtschiffes zu sein. Unbedingt empfehlenswert ist auch das hoteleigene, gemütliche *Restaurant (Kategorie 2).* Den frischen Fisch suchen Sie sich am Tisch aus, bevor ihn die Chefin des Hauses persönlich zubereitet. Das Personal ist freundlich und aufmerksam um das Wohl der Gäste bemüht. Eine familiäre

---

### Insel der Verbannten

Im 19. Jh. erklärte die Regierung in Madrid Hierro zur Verbannungsinsel. Abgeschoben wurden hauptsächlich intellektuelle Freigeister und in Ungnade gefallene Politiker, die freundlich von den Einheimischen aufgenommen wurden.

Mit dem politischen Freidenker Dr. Leandro Pérez kam zum ersten Mal ein Arzt nach Hierro. Er bereitete aus den Heilkräutern der Insel Medikamente und gewann sehr schnell das Vertrauen der Herrenos, die er sachkundig und selbstlos behandelte. Er war es auch, der die heilende Wirkung des Wassers aus dem Pozo de la Salud erkannte.

Einigen der Verbannten gelang die Flucht nach Südamerika, wo sie die revolutionären Befreiungsbewegungen unterstützten. Eine erstaunliche Karriere gelang dem letzten Verbannten von Hierro. Inigo Cavero kehrte in den siebziger Jahren des 20. Jhs. nach Madrid zurück und wurde dort nach dem Ende des Francoregimes Erziehungs- und Wissenschaftsminister.

Atmosphäre herrscht auch an der Bar, wo Kontakte geknüpft und Inselneuigkeiten ausgetauscht werden. *Hotel Punta Grande, Tel. 922 55 90 81, Kategorie 3*

Das Hotel ist oft ausgebucht. Wer ein paar Nächte im guten Klima von Las Puntas verbringen möchte, um zu baden oder zu wandern, der wohnt gut in den nahen *Apartamentos Noemi*. Die geräumigen und liebevoll eingerichteten Häuschen mit blumengeschmückter Terrasse und Garten liegen zum Teil abgeschieden am Hang. *Tel. 922 55 90 81, Kategorie 3*

## Museumsdorf Guinea (117/D 3)

★ Das Museumsdorf zeigt die gelungene Rekonstruktion eines altkanarischen Weilers. Die strohgedeckten Häuser aus Naturstein wurden originalgetreu eingerichtet und vermitteln ein lebendiges Bild vom Alltag der Herrenos in der Vergangenheit.

Schließen Sie sich einer Führung an, denn nur dann werden die Häuser für Besucher geöffnet. An der Straße von Tigaday nach Las Puntas liegt es rechter Hand vor einer steil aufragenden Felswand und wird leicht übersehen, so bruchlos fügen sich die Natursteinhäuser in die Umgebung ein. *Di–Sa 10–14 und 16–18 Uhr, So 11 bis 14 Uhr, Eintritt 500 Ptas*

## Pozo de la Salud (116/B 3)

Bereits seit 1830 wird dem salzigen Wasser aus dem Gesundheitsbrunnen nahe am Meer heilende Wirkung nachgesagt. Zahlreiche angebliche Wunderheilungen an Einheimischen festigten den Ruf des Heilwassers. Erfolgreich betrieb hier jahr-

zehntelang die Heilerin Doña Rosa einen sehr einfachen und etwas skurrilen Badebetrieb, der besonders auf die verdauungsfördernde Wirkung des schwefelhaltigen Wassers setzte. Der alten Dame wurde in den letzten Jahren ein klotziges Kurhotel vor die Nase gebaut und der Badebetrieb komplett aus den Händen genommen. Das 26 Grad warme Wasser ist das gleiche geblieben. Wer sich von seiner Wirksamkeit überzeugen möchte, der kann es aus dem 12 m tiefen Brunnen schöpfen und mit Plastikbechern aus einem bereitgestellten Spender probieren.

Die Ausstattung des neuen Badehotels ist komfortabel, zweckmäßig und nüchtern und ganz auf die Bedürfnisse des Badebetriebs abgestellt. Hier wird nur absteigen, wer auch die vielfältigen Anwendungen in Anspruch nehmen möchte. Die Preise für die Übernachtung liegen über denen des Paradors und sind im Vergleich überteuert. *19 Zi., Balneario Pozo de la Salud, Tel. 922 55 95 61 oder 922 55 94 65, Kategorie 2*

## Sabinosa (116/B 3–4)

Der am ⚶ Steilhang des Golfo gelegene Ort gilt als der schönste der Insel und ist berühmt für sein gesundes Klima. Malerisch thront er mit seinen weißgekalkten Häusern inmitten von terrassierten Feldern, auf denen Wein, Obst und Gemüse angebaut werden. Das Leben in den beiden Ortsteilen ist noch sehr ursprünglich, und die ausgesprochen freundlichen Menschen lassen sich auch durch das meist neblige Wetter nicht die Laune verderben. Ein historischer Verbindungsweg führt von Sabinosa steil in die ca. 400 m höher gelegene und zum Ort gehörende *Dehesa,* einem wunderbaren Wandergebiet. Seit Jahrhunderten sind diese Hochweiden kommunales Weideland. Ein Glas vom hervorragenden Wein der Region probieren Sie am besten in dem einfachen, urigen *Restaurante Sabinosa, Serrador, 21, Tel. 922 55 93 86, Kategorie 3.*

In Sabinosa steht das einzige noch existierende Gasthaus der Insel. Es stammt noch aus vortouristischer Zeit, als es auf der ganzen Insel nur eine Hand voll Übernachtungsmöglichkeiten gab. Riesige Farne schmücken den Innenhof dieser sehr einfachen Herberge mit wunderbarem Blick ins Tal. Die sauberen und preiswerten Zimmer haben ein Gemeinschaftsbad auf dem Flur. *Pensión Hotel Sabinosa, Valentin Hernandez 7, mit Hinweisschild, Tel. 922 55 93 55, Kategorie 3*

## LA RESTINGA

**(117/D 6)** Schwarze Lavawüsten prägen das Bild der südlichen Küstenregion von Hierro. Eingebettet in die strenge Schönheit der Stricklavafelder und der Vulkanberge liegt hier der kleine Fischerort La Restinga.

Das ganze Leben des Ortes ist auf den Hafen konzentriert. Fast täglich läuft von hier eine ansehnliche Flotte von kleinen Kuttern aus und versorgt die ganze Insel und vornehmlich die gemütlichen Restaurants im Ort mit frischem Fisch.

Viele Urlauber lockt das schöne Wetter nach Restinga, wo an über dreihundert Tagen im Jahr die Sonne scheint. Wer direkt aus den oft nebelverhangenen und kühlen Hochebenen an die Küste kommt, der genießt es besonders, an der Hafenpromenade vor einer Bar zu sitzen und sich mit Sonne vollzutanken. Taucher finden hier eines der aufregendsten Reviere Europas und Badeurlauber in der nahen Bucht von Tacorón einen der schönsten Badeplätze der Insel. La Restinga ist auch ein guter Ausgangspunkt für interessante Wanderungen und Ausflüge in die Umgebung.

*Fischerboote an ihren Bojen im Hafen von La Restinga*

## RESTAURANTS

Ganz oben auf der Speisekarte der Restaurants steht natürlich frischer Fisch. Dazu werden *Papas Arugadas* serviert, schmackhafte Runzelkartoffeln mit Salzkruste und würzige Soßen. Auch andere Speisen der traditionellen Küche, wie Kaninchen, Ziege oder gehaltvolle Eintöpfe, sind sehr zu empfehlen.

### Bar Restaurante Casa Juan

In zwei gemütlichen und relativ ruhigen Räumen werden überwiegend Meeresfrüchte serviert. Sehr gut ist die Fischsuppe. *Gutiérrez Monteverde 23, Tel. 922 55 80 02, Kategorie 2*

### Bar Restaurante El Refugio

Stimmungsvoll eingerichtetes Fischlokal mit viel Ambiente, in dem sich der Gast auf Anhieb wohl fühlt. An der Decke baumeln die gewaltigen Köpfe von zwei Schwertfischen, und ein paar vergilbte Fotografien zeigen, wie beschaulich es früher einmal in La Restinga zuging. *La Lapa 1, Tel. 922 55 70 29, Kategorie 2*

### Bar – Tasca La Laja

Urig eingerichtete Fischerkneipe an der Hafenpromenade, mit Blick auf die bunten Fischerboote im Hafen. *Gutiérrez Monteverde, Tel. 922 55 82 76, Kategorie 3*

### El Bar

Der Treffpunkt für Segler und Weltenbummler an der Promenade. Neben Seemannsgarn und Insiderwissen gibt's hier die einzige Möglichkeit, draußen direkt am Hafenbecken zu sitzen. Besitzerin Andrea vermittelt auf Wunsch Apartments und weiß immer Rat. *Avda. Maritima 14, Tel./Fax 922 55 71 76, Kategorie 3*

### Restaurante El Ancla

Saftige Paella und köstliche Pizza. Die Bedienung ist sehr freundlich, die Preise sind angemessen. *El Rancho s/n, Tel. 922 55 70 63, Kategorie 2*

## HOTELS

Die ausgesuchten Apartmenthäuser liegen direkt an der Uferpromenade, mit Blick auf den Hafen und das offene Meer. Im Ort selbst werden zwar auch Zimmer angeboten, doch wohnt man hier meist zwischen unverputzten Häusern und Rohbauten und muss mit Baulärm rechnen. Neben den aufgeführten Apartments vermittelt auch die Bar *El Bar* Unterkünfte im Ort und der näheren Umgebung, *Tel./Fax 922 55 71 76*

### Apartamentos Arenas Blancas

Große, moderne Ferienanlage mit Swimmingpool, mit drei Stockwerken und sechzig Zimmern eigentlich eine Nummer zu groß geraten für die kleine Insel. Die Zimmer sind sehr geräumig und komfortabel ausgestattet und der Service ist professionell. Kann auch über Reiseveranstalter gebucht werden. *Avda. Maritima 34, Tel. 922 55 70 36, Fax 922 55 70 06, Kategorie 1*

### Apartamentos La Marina

Sehr geräumige und helle Apartments mit zwei Schlafzimmern, großer Wohnküche und TV. Sehr schön sind auch die zwei Atticos mit Terrasse. *16 Zi., Avda. Maritima 10, Tel. 922 55 90 16, Fax 922 55 94 01, Kategorie 2*

## Apartamentos Los Saltos

Vergleichbare Ausstattung wie La Marina, mit Dachterrasse und sehr sauber. *7 Zi., El Horno 11, Tel. 922 55 71 50, Fax 922 55 00 71, Kategorie 2*

## Apartamentos Rocamar

Modernes Haus mit geräumigen, hellen Wohnungen, zwei Schlafzimmern, Wohnküche und Balkon. Besonders zu empfehlen sind die zwei Atticos auf dem Dach, mit großer Terrasse und herrlichem Blick. *6 Zi., Avda. Maritima 20, Tel. 922 55 70 83 und 922 55 71 26, Kategorie 2*

## BADEN

Die Bucht von Tacorón gehört zu den beliebtesten Badebuchten der Insel und ist bequem mit dem Auto zu erreichen. Vorgelagerte Felsen haben ein natürliches Becken geschaffen, in dem ohne Probleme gebadet und geschnorchelt werden kann. Sand gibt es hier nicht, und es ist angeraten, eine Isomatte mitzunehmen. Unterstände aus Palmwedeln spenden Schatten, und wer ein Picknick machen möchte, findet Grillplätze und Trinkwasser.

Ein Badevergnügen der besonderen Art bietet die 20 Gehminuten entfernte *Cueva del Diabolo,* die Teufelshöhle. Die Höhlenwände und der kleine, innenliegende Sandstrand sind von leuchtendem Rot, und das einfallende Sonnenlicht schimmert geheimnisvoll auf dem türkisfarbenen, klaren Wasser.

## TAUCHEN

Das Tauchgebiet um La Restinga zählt zu den schönsten Europas und lockt immer mehr tauchbegeisterte Urlauber nach Hierro.

Unmittelbar vor der Küstenlinie fällt der Sockel der Insel steil in das sehr tiefe und kristallklare Meer ab. Die vielfältige Unterwasserlandschaft mit tiefen Schluchten, schroffen Felsformationen und fischreichen Höhlen und Grotten bildet einen Abenteuerspielplatz für erfahrene Taucher. Die Begegnung mit Hammerhaien, Barracudas und riesigen Rochen verlangt gute Nerven und Erfahrung. Harmloser, aber nicht weniger beeindruckend ist das Zusammentreffen mit Meeresschildkröten, Thunfischen und Delphinen. In der *Reserva Marina,* einer auf den Kanarischen Inseln einmaligen maritimen Schutzzone an der südwestlichen Küste, darf allerdings nur sehr eingeschränkt getaucht werden.

Die drei Tauchschulen vor Ort bieten professionelle Standards und unterscheiden sich auch preislich nicht wesentlich voneinander. Komplette Ausrüstungen werden für 2000 Ptas pro Tauchgang ausgeliehen. Der Tauchgang inklusive Boot, Führer, Flasche und Zubehör kostet ca. 3500 Ptas. Tauchen ist das ganze Jahr über möglich.

## Centro de Buceo El Hierro

Das mit fast 20 Jahren älteste Tauchcenter auf Hierro, mit erfahrenem und sehr freundlichem Personal. *Avda. Maritima 16, Tel./ Fax 922 55 70 23*

## El Submarino – Base de Buceo

Nachttauchgänge, Anfängerkurse und Tauchgänge rund um die Insel. *Avda. Maritima 2, Tel./ Fax 922 55 70 68*

**Fan Diving El Hierro**
Vergleichbar in Preis und Leistung. *Avda. Maritima 4, Tel./Fax 922 55 70 85*

Lohnendes Wanderziel sind die nahegelegenen Lavafelder um Arenas Blancas. Die dicken Zöpfe der Stricklava, wild ineinandergeschobene Lavaplatten und rostbraune Vulkankrater vermitteln einen hautnahen Eindruck von den vulkanischen Ursprüngen der Insel. Für Farbtupfer sorgen die grünen Wuschelköpfe der Wolfsmilchgewächse. Unbedingt den Fotoapparat mitnehmen.

Der Wald *El Pinar* mit seinen uralten Pinien ist in seiner Art der schönste der Kanaren. Machen Sie einen Spaziergang im Schatten der riesigen Bäume und lassen Sie sich vom würzigen Duft der langen Nadeln und dem Rauschen des Windes in den gewaltigen Kronen verzaubern.

La Restinga hat kein eigenes Touristenbüro. Alles Wissenswerte erfahren Sie in der Bar *El Bar, Avda. Maritima 14.*

**El Pinar** **(117/D 5)**
Oberhalb der kargen Lavafelder von La Restinga liegt auf 800 m Höhe diese nette kleine Ortschaft inmitten von Mandel- und Obstbäumen, saftigen Wiesen, Feldern und blühenden Gärten. Besonders der Ortsteil *Las Casas,* eine der ältesten Ansiedlungen der Insel, ist mit seinen blumengeschmückten Natursteinhäusern einen Streifzug wert. Im Ortsteil Taibique lohnt die kleine schmucke Kirche *San Antonio Abad* einen Besuch. Obst, frisches Gemüse und Fleisch, darunter auch Erzeugnisse aus der Region, werden an den bunten Ständen in der örtlichen Markthalle angeboten *(Mercado Municipal, C/. José Padrón Machín, Mo–Fr 9–13 Uhr).* Unbedingt anschauen sollten Sie die *Keramikwerkstatt* der deutschen Töpferin Brigitte Hoyer, die ausgefallene und kunstvolle Keramik herstellt. Hier erfahren Sie auch Wissenswertes über die ortsansässigen Weberinnen – und wo Sie den alten Damen bei ihrer Arbeit zusehen können. *Taller Caracolin, C/. El Chamorro 55, Tel. 922 55 81 43*

**El Sabinar** **(116/A 3–4)**
★ Unweit der Ermita de los Reyes befindet sich der berühmte Wacholderwald El Sabinar. Hier oben pfeift ständig ein starker Wind über die karge Landschaft. Er hat die knorrigen Bäume in einen extremen Drehwuchs gezwungen und tief bis auf die Erde gebeugt. Die großen und mehrere hundert Jahre alten Wacholderbäume sind einmalig auf der Welt und das Wahrzeichen der Insel. Malerisch stehen sie zwischen uralten Lesesteinmauern und grünen Wolfsmilchgewächsen an einem sanft zum Meer hin abfallenden Hang. Besonders beeindruckend wirken sie, wenn ihre bizarren Formen in die vom Wind gepeitschten Passatnebel getaucht werden.

**Ermita de los Reyes** **(116/B 4)**
Die Ermita bildet das religiöse Zentrum der Insel. Die *Madon-*

*Vom beständigen Passat niedergerungener Wacholderbaum*

nenfigur der *Virgen de los Reyes,* die hier aufbewahrt wird, ist seit 1546 die Schutzpatronin der Insel. Alle vier Jahre ist die kleine Kirche Ausgangspunkt für die große *Bajada de la Virgen,* in der die Statue auf einem 28 km langen Pilgerpfad in einer gewaltigen Prozession über die Hochebene nach Valverde getragen wird. Die kleine Kirche und ein paar dazugehörige Nebengebäude werden von einer weißen Mauer umschlossen und machen den Eindruck eines kleinen Klosters. Der ganze Komplex liegt malerisch in der hügeligen Weidelandschaft der Dehesa.

### Faro de Orchilla (116/A 4)

In der Antike galt dieser Punkt als das Ende der Welt, und später verlief hier für mehr als zweihundert Jahre der Nullmeridian.

Heute markiert ein Leuchtturm *(faro)* diesen südwestlichsten Punkt Europas. Eine große Faszination geht von der absoluten Stille der umgebenden Vul-

kanlandschaft aus, deren karge Lavafelder und Vulkankegel durch Formstrenge bestechen. Richtung Westen gibt es nur noch die schier unendliche Weite des Atlantischen Ozeans.

Vor dem *Faro* biegt nach links eine Piste ab, die nach 1,5 km bei einem Badeplatz endet. Von einem betonierten Plateau aus gelangen Sie über eine Treppe problemlos ins Wasser. Baden ist hier auch in den Wintermonaten möglich, allerdings sollten Sie wegen der gefährlichen Strömungen nicht allzu weit hinaus schwimmen.

### Hoya del Morcillo (117/D 4)

◉ Der große Picknickplatz mit Kinderspielplatz im wunderschönen Kiefernwald nordöstlich von El Pinar ist an den Wochenenden ein beliebtes Ausflugsziel. In ausgelassener Stimmung wird gegrillt, gesungen, gelacht, und lautstark werden die neuesten Nachrichten verbreitet. Wer ein bisschen Spanisch spricht und gerne feiert, der ist hier willkommen.

## Los Loteros (116/B–C 5)

El Julán, das Gebiet der ausgedehnten Lavawüsten westlich von La Restinga, war einst das Hauptsiedlungsgebiet der *Bimbaches,* der Ureinwohner von Hierro. Einer ihrer Versammlungsplätze *(Tagoror),* den ein Kreis von Steinen begrenzte, kann hier in rekonstruierter Form besichtigt werden. Nicht weit davon entfernt befinden sich die geheimnisvollen und berühmten *Leteros.* Die in glatte Lavaplatten geritzten Schriftzeichen wurden 1873 von einem Pfarrer entdeckt und weisen Ähnlichkeiten auf mit dem Alphabet eines Berberstammes aus Libyen. Leider wurden die Schriftzeichen teilweise geraubt oder zerstört, aber immer noch wirken die verbliebenen Zeichen wie Botschaften aus einer anderen Welt.

Zum Tagoror und den Leteros führt von El Pinar aus eine mit dem Auto gut zu befahrende Erdpiste Richtung Leuchtturm. Nach ca. 8 km parken Sie kurz nach einer Finca beim Hinweisschild »Los Leteros« und wandern ca. 4,5 km bergab, vorbei am Tagoror, bis zu den Leteros. Für den Rückweg bergauf empfiehlt sich eine Kopfbedeckung und ausreichend Trinkwasser. Der Wächter am Tagoror fragt unter Umständen nach den Ausweispapieren.

## Mirador de Bascos (116/B 3)

🌊 Dieser Aussichtspunkt der Superlative raubt selbst schwindelfreien Besuchern den Atem. 650 m hoch hängt er wie ein Adlerhorst direkt am Rande einer schroffen Steilwand. Zu Füßen liegen Ihnen hier das gesamte Golftal, vom Popo de La Salud im Westen bis zum Felsabbruch der Cumbre und der vorgelagerten Felsgruppe Roques de Salmor am nördlichen Ende der Ebene. Ein sagenhafter Blick, aber leider oft verstellt durch die den Hang hinaufjagenden Passatnebel. Dann lohnt es sich, einen Moment Geduld zu haben; denn wenn die Nebel plötzlich aufreißen, ist die unvermutete Aussicht um so schöner. *Zum Mirador führt ein ausgeschilderter Abzweig zwischen der Ermita und El Sabinar.*

# VALVERDE

(117/E–F 2) Die Inselhauptstadt von Hierro liegt nicht wie die Hauptstädte der anderen Inseln im milden Meeresklima der Küste, sondern auf luftigen 700 m Höhe am Rande der Hochebene. Sie

---

### Herrenische Olympiade

Alle vier Jahre wird im Juli die größte und wichtigste Fiesta der Insel gefeiert, die Bajada de la Virgen. Das nächste Fest findet 2001 statt. Dann strömen aus aller Welt die ausgewanderten Herrenos auf der Insel zusammen. Wer an dieser Fiesta teilnehmen möchte, der sollte mindestens ein Jahr im Voraus eine Unterkunft buchen und einen Platz auf der Fähre oder für einen Flug reservieren.

gleicht mehr einem Dorf als einem Verwaltungszentrum.

Das eher beschauliche Leben des Städtchens konzentriert sich auf die Hauptstraße, *La Calle.* Wenn die Sonne scheint, leuchten die weißen Häuser zwischen Gärten, Feldern und Wiesen. Die steilen Gassen der am Hang liegenden Ortschaft erwachen dann zum Leben.

Die Kirche und zwei kleine Museen sind die einzigen Sehenswürdigkeiten in Valverde. Doch bei einem Spaziergang durch den Ort werden Sie auf eine Menge liebenswerter Details stoßen. Dann begeistert Sie ein besonders kunstvoll gearbeiteter Holzbalkon, der Blick in einen blumengeschmückten Innenhof oder ein malerischer Winkel, wo eine Katze in der Sonne döst oder eine alte Frau im Schatten eines kleinen Hauses in ihre Handarbeit versunken ist.

Oft hüllen dichte Passatwolken den Ort in ein undurchdringliches Grau. Zum Glück sind die Küste und die Sonne nicht weit. Valverde verfügt über eine sehr gute touristische Infrastruktur. Hier finden Sie das einzige Touristenbüro auf der Insel und am Wochenende geht in den Diskotheken die Post ab. Gut geeignet ist die Hauptstadt auch als Startpunkt für Wanderungen in die Hochebenen und Ausflüge an die Nordküste.

*Vorderansicht der Kirche*

### Iglesia Santa Maria de la Concepción

★ Die schmucke Festungskirche aus dem 18. Jh. war früher die letzte Bastion gegen Piratenüberfälle. Sie bildet unübersehbar das Zentrum der kleinen Inselhauptstadt. Die Frontseite des mächtigen, dreischiffigen Baus schmücken drei kunstvoll gestaltete Portale, die hölzernen Eingangstüren sind dekorativ mit Natursteinen gefasst. Über dem mittleren Portal erhebt sich ein kleiner Glockenturm, den ein Holzbalkon umschließt. Auf der Spitze des eckigen Turms thront über einem blauweiß gestreiften Dach eine große Madonnenfigur. Den gewaltigen Innenraum der Kirche überspannt eine holzvertäfelte, kunstvoll gearbeitete Decke im Mudéjarstil, getragen von toskanischen Säulen. Der barocke Altar mit der mehrfarbigen Statue der Madonna *Nuestra Señora de la Conception* wirkt ein wenig verloren in der Weite des Raums. Der füllt sich erst, wenn die Kirche alle vier Jahre das Ziel einer großen Prozession zu Ehren der Inselheiligen wird, der berühmten *Bajada de la Virgen.* Dann werden hier die Figuren aller Heiligen der Insel aufgestellt und verehrt.

Der sehr schöne Vorplatz der Kirche, die ❧ *Plaza del Teatro*, erstreckt sich über verschiedene Ebenen, die durch zahlreiche Treppen miteinander verbunden sind. Bei guter Sicht genießt der Besucher von hier einen wunderbaren Fernblick auf die Nachbarinseln La Palma, Gomera und Teneriffa.

### Archäologisches Museum

Wichtige historische Ereignisse wie die Eroberung der Insel durch die Spanier im 16. Jh. werden anschaulich dargestellt. Eine Ausstellung von Schwarzweißfotos aus den dreißiger Jahren vermittelt ein gutes Bild des bäuerlichen Lebens der damaligen Zeit. *C/. Dr. Juan Padron 1, gegenüber der Kirche, Mo–Fr 8.30 bis 14.30 Uhr, Eintritt frei*

### Museo Etnografico y Casa del Alfar

Die aufwendigen Renovierungsarbeiten an dem wunderbaren altkanarischen Haus im oberen Teil von Valverde sind bald abgeschlossen. Gezeigt werden dann Ausstellungen zur Kulturgeschichte und Handarbeiten wie Webereien und einheimische Keramik. *C/. Armas Martel 1, Mo–Fr 8.30–14.30 Uhr, Eintritt frei*

### Sala de Expositiones

Ausgestellt werden herrenische Keramik und Handarbeiten. Die Exponate im hinteren Teil des Saales sind der Geschichte der Insel gewidmet.

Dieses provisorische Museum wird in Kürze dem neuen Museo Etnografico angegliedert. *C/. Dr. Quintero Magdaleno 2, neben dem Touristenbüro, Mo–Fr 8.30 bis 14.30 Uhr, Eintritt frei*

### Bar Los Reyes

An der zentralen Straßenkreuzung gelegen und somit idealer Treffpunkt für Einheimische und Touristen. Großes Angebot an köstlichen Tapas zu zivilen Preisen. *C/. Licenciado Bueno 3, Tel. 922 55 11 52, Kategorie 3*

### Bar San Luis

✪ Gute und preiswerte Tapas und Hauptspeisen (Paella), freundliche Bedienung. *C/. Constitución 26, gegenüber dem Centro de Salud, Tel. 922 55 15 60, Kategorie 3*

### Bar Restaurante Parilla Noche y Dia

Bei Einheimischen sehr beliebtes Restaurant mit anspruchsvoller Küche. Viele traditionelle Gerichte wie Kaninchen oder Gemüseeintopf stehen auf der Karte. *C/. La Lajita 5, Tel. 922 55 14 24, Kategorie 2*

### Bar Restaurante Zabagu

Reichhaltige kanarische Küche, aber auch Pizza. Gute Qualität zu vernünftigen Preisen. *C/. San Francisco 9, Tel. 922 55 00 16, Kategorie 2*

### Hotel Boomerang

Das einzige Hotel vor Ort verfügt über Zimmer mit Heizung. Die Lage in der Nähe des Kirchplatzes ist ruhig, und die Zimmer, alle mit Bad, sind sauber und freundlich eingerichtet. *16 Zi, C/. Doctor Gost 1, Tel. 922 55 02 00, Fax 922 55 02 53, Kategorie 2*

### Pensión Casanas

Die Pension liegt an der Hauptdurchgangsstraße. Erste Wahl sind deshalb die Zimmer nach hinten raus. Sie sind ruhig und mit Blick aufs Meer. Zweckmäßig eingerichtet und sauber, teilweise mit Terrasse. Der Service ist gut. *15 Zi., C/. San Francisco 9, Tel. 922 55 02 54, Kategorie 3*

### Pensión Sanfleit

Einfache Pension mit schmucklos eingerichteten Zimmern, aber sauber und mit freundlichem Service. *14 Zi., C/. Santiago 23, Tel. 922 55 08 57, Fax 922 55 08 57, Kategorie 3*

## SPIEL UND SPORT

### Angeln

Die Gewässer an der Nordküste sind sehr fischreich und bieten geduldigen Anglern Gelegenheit, einen ganz großen Fisch an Land zu ziehen. Bei der problemlosen Beschaffung einer Angelerlaubnis ist das Touristenbüro in Valverde gern behilflich.

Vorsicht an exponierten Plätzen, denn auch bei scheinbar ruhiger See können unvermutet Riesenbrecher anlanden und Angler ins Meer spülen.

### Baden

Sandstrände sind eine Rarität an der zerklüfteten Nordostküste von Hierro. Doch auf Badevergnügen muss deshalb nicht verzichtet werden. Vorgelagerte Felsbarrieren und tiefe Einschnitte in der Küste haben eine ganze Reihe von natürlichen Badeplätzen entstehen lassen, die vor der Brandung des Atlantischen Ozeans geschützt sind. *Charcos* heißen diese Naturschwimmbecken, und es macht einen Riesenspaß dort zu dümpeln, während die Wellen sich in sicherer Entfernung an den Felsen brechen und hoch aufspritzen. Bei extremer Brandung ist aber auch hier Vorsicht geboten. Beobachten Sie erst einmal eine Weile das Meer, bevor sie sich in die Fluten stürzen.

Geschützte Badeplätze bieten an der Nordküste der *Charco Manso,* der *Pozo de las Calcosas* und das *Hafenbecken von Tamaduste.*

Ein kleiner *Sandstrand* findet sich bei dem Örtchen *Timijiraque,* und ein ausgedehnter *Kiesstrand* nahe bei der *Punta de la Bonanza.*

### Paragliding

Wer sich in die Lüfte schwingen und einen Blick aus der Vogelperspektive auf die Insel werfen möchte, der ist im *Club Parapente Guelillas de Hierro* richtig: Verleih von Schirmen, Flugkurse und Möglichkeiten zum Mitfliegen. *C/. Doctor Quintero 23, Tel. 922 55 10 05, Fax 922 55 04 60*

### Tauchen

Das Tauchrevier um Hierro gilt als das beste der Kanaren und als eines der interessantesten in Europa. Vulkanische Tätigkeiten haben auch unter Wasser eine Welt aus bizarren Felsformationen, steilen Abbrüchen und geheimnisvollen Höhlen entstehen lassen. Darin tummeln sich Tintenfische, Meeresschildkröten, Kugelfische, Krebse und Papageienfische. Aber auch große Tiefseefische wie Hammerhaie und Barracudas kommen manchmal nahe an die Steilküste.

Der professionell geführte *Club de Buceo Hierro Sub* verleiht Tauchgerät und bietet begleitete

Tauchgänge entlang der gesamten Nordküste. *Carretera Las Playas 5, 2 km südlich von Timijiraque, Tel. 922 55 04 82*

## Wandern

Die wahre Schönheit der Insel erschließt sich erst bei näherem Hinschauen. Und dafür ist nichts besser geeignet als ein ausgedehnter Spaziergang oder eine Wanderung durch die noch ursprüngliche Schönheit der faszinierenden Naturlandschaft von Hierro. Wer es sportlich mag, der benutzt die historischen Verbindungswege *(caminos reales),* die meist die Hochebenen mit der Küste verbinden und atemberaubende Ausblicke bieten. Etwas gemütlicher geht es in den einsamen Weiten der Hochebenen zu, im Schatten der wunderbaren Wälder oder auf schmalen Pfaden entlang der Steilküste. Die Ausschilderung der Wege ist oft nicht ausreichend, und die Wanderkarten sind nicht sehr genau. Im Touristenbüro in Valverde erhalten Sie Informationsblätter mit Tourenvorschlägen. Das freundliche Personal berät Sie auch gerne bei der Ausarbeitung eigener Wanderrouten. Davon abgesehen ist es kaum möglich, sich auf der kleinen, überschaubaren Insel zu verlaufen.

Planen Sie ihre Wanderungen so, dass Sie nicht in die Dämmerung geraten, und führen Sie genügend Trinkwasser mit. Das meist wechselhafte Wetter erfordert sowohl Sonnenmilch als auch Regenkleidung.

Der *Club Aventura-Tiempo Sur* bietet auf der Insel die einzige Möglichkeit zu einer geführten Wanderung. Neben Höhlenbesichtigungen sind Ausflüge mit

*Wo geht's denn jetzt lang?*

dem Jeep zu interessanten Plätzen der Insel Teil des Programms. Das Englisch der Mitarbeiter ist leider sehr holprig. *Las Cambia de Tamaduste 1, Tamaduste, Tel. 922 55 11 68*

## AUSKUNFT

Im *Patronato Insular de Turismo* erhält man alle notwendigen Auskünfte, Informationsbroschüren und Karten. Die Mitarbeiter sind sehr hilfsbereit und geben Tipps für Wanderungen und Autotouren. Der freundliche Señor Adolfo Padron spricht gut deutsch. *C/. Licenciado Bueno 1, 38900 Valverde, Tel. 922 55 03 02, Fax 922 55 10 52, Mo–Fr 8.30 bis 17 Uhr, Sa 9–13.30 Uhr*

## AM ABEND

Nachtschwärmer kommen in Valverde nur am Wochenende auf ihre Kosten. Dann strömen die Unternehmungslustigen der ganzen Insel in den Diskos zusammen. Richtig los geht's erst ab Mitternacht, dafür dann aber bis in die Morgenstunden.

Eine gute Möglichkeit zu tanzen bieten auch die Fiestas, die zu Ehren der jeweiligen Heiligen gefeiert werden. Meist sorgt eine flotte Salsaband für heiße Rhythmen, die einen bis zum Morgengrauen auf den Beinen halten.

### Diskothek El Cine

🕺 Die In-Disko im alten Kino von Valverde ist mit alten Projektoren und Filmplakaten stilvoll eingerichtet. Kontakte knüpft man leicht am langen Tresen. Ansonsten wird wild getanzt bis zum Morgengrauen. *La Plaza s/n*

### Diskothek La Lonja

Sehr geschmackvoll eingerichtet, mit angegliederten Barräumen und einem luftigen Innenhof. *C/. San Francisco 9, rechts unten neben der Bar Zabagu*

### Pup La Casita

Kleine gemütliche Nachtbar, die erst ab 22.30 Uhr öffnet. *C/. San Francisco 17*

## ZIELE IN DER UMGEBUNG

Der zentral gelegene Ort Valverde ist idealer Ausgangspunkt für Ausflüge an die Nordküste und in die Hochebenen. Um einen besseren Überblick zu gewährleisten, werden die Zielorte an der Küste und im Hochland getrennt aufgeführt.

### KÜSTE

**Charco Manso** (117/E 1)

Gleich hinter dem Ortsausgang Valverde Richtung Hafen zweigt nach links eine kleine Straße zum Ort Echedo ab, die von dort als kurvenreiche Erdpiste bei Las Salinas am Meer endet. Inmitten der wilden, zerklüfteten Küstenregion der Punta Norte liegt hier das ==Meeresschwimmbad Charco Manso,== eingebettet in die grandiose Kulisse einer Vulkanlandschaft aus Grotten, Höhlen und Felsentoren. Der attraktive Badeplatz mit Grillstelle und ausreichend Schatten ist gut abgeschottet gegen die Brandung des Atlantiks.

**La Caleta** (117/F 2)

Der malerisch auf einer Landzunge südlich vom Flughafen gelegene kleine Ort bietet einen idealen Badeplatz mit Grillplatz, Dusche und Planschbecken. In der Nähe der winzigen Kapelle sind in einen Basaltfelsen die alten Schriftzeichen der Ureinwohner, *leteros,* eingeritzt.

**Las Playas** (117/E 4)

Die langgezogene, weite Bucht südlich vom Hafen Estaca liegt in völliger Abgeschiedenheit und landschaftlich äußerst reizvoll zu Füßen einer gewaltigen, zum Teil 800 m steil aufragenden Felswand. Wahrzeichen dieser Region ist die sehr markante und der Küste vorgelagerte Felsformation *Roque de la Bonanza.* Vor der überwältigenden Kulisse der Steilküste und des Felsens wird das Baden an den Kiesstränden der Bucht zu einem besonderen Erlebnis. Bei Ebbe kommen manchmal kleine Sandstrände zum Vorschein. Am Ende der Bucht liegt in völliger Abgeschiedenheit das schönste Hotel der Insel, der *Parador Nacional.* Ruhe, Beschaulichkeit, Komfort und eine sehr gute Küche machen den Aufenthalt zu einem besonderen Erlebnis. Wer nicht einchecken möchte, der kann auf der wunderschönen Gartenterrasse einen Kaffee trinken und dabei den herrlichen Meerblick genießen. Gegen eine Gebühr von 600 Ptas ist auch die Benutzung des Pools möglich. *Parador Nacional El Hierro, 47 Zi., Ctra. General Las Playas 26, Tel. 922 55 80 36, Fax 922 55 80 86, Kategorie 2*

Wen beim Wandern oder Baden der Hunger überkommt, dem bietet das *Bar Restaurante Bohemia* Snacks und eine einfache kanarische Küche. *Las Playas 36, Tel. 922 55 04 67, Kategorie 3*

## Pozo de las Calcosas          (117/E 1)

Nordwestlich von Valverde liegt der Ort Mocanal. Vom Ortseingang führt eine serpentinenreiche Straße hinunter zur kleinen Kapelle Ermita San Lorenzo an der Steilküste.

Eine steile Treppe schlängelt sich von dort bis ans Meer zum winzigen Dorf Pozo de las Calcosas, das nur in den Sommermonaten von einheimischen Urlaubern bewohnt wird. Viele der alten, strohgedeckten Häuser wurden liebevoll renoviert. Die zwei natürlichen Becken sind zum Teil betoniert und ein idealer und gut geschützter Badeplatz. Sie liegen in einer beeindruckenden und bizarren Kulisse aus stark erodiertem Lavagestein und Steilhängen aus Basalt, durchzogen von vielfarbigen Gesteinsgängen.

Wunderbare Fischgerichte servieren die beiden Restaurants am oberen Rand der Steilküste: *Las Calcosas, Tel. 922 69 80 00 von April bis Ende Sept.,* und *La Barca,*

*Tel. 922 55 14 41, nur im Aug., beide Kategorie 2.*

## Puerto de la Estaca          (117/F 3)

Eine serpentinenreiche Straße verbindet die Hauptstadt Valverde mit dem kleinen Fährhafen am Fuß der Steilküste. Dicht drängeln sich im kleinen Hafenbecken Fischerboote und Segelyachten, und viele Einheimische nutzen das klare und ruhige Wasser zum Baden und Schnorcheln.

Nur bei Ankunft der Autofähren, die Hierro zwei Mal täglich von Teneriffas Südhafen Los Cristianos aus anlaufen, herrscht hier ein geschäftiges Treiben. Dann warten an der Mole zahlreiche Taxis, der Linienbus und die Mietwagenverleiher. Von der Terrasse der gemütlichen Hafenbar aus lässt sich alles gut überblicken.

Bei ungünstigen Windverhältnissen können Sie von hier aus Zeuge werden, wie die Fähre die Hafeneinfahrt nicht passieren kann und abdrehen muss.

## Tamaduste          (117/F 2)

★ In unmittelbarer Nähe des Flughafens schmiegt sich der in den letzten Jahren schnell gewachsene Badeort mit seinen weißen kubischen Häusern malerisch an die schwarzbraune Kulisse des Vulkanberges Cancela. Das klare, ruhige Wasser des vorgelagerten Naturhafens macht sofort Lust zum Hineinspringen. Liebevoll wurde hier ein Badeplatz gestaltet, mit kleinen Treppen, einem Sprungbrett und großzügigen Liegeflächen. Einige bunte Boote schaukeln auf dem bei Ebbe nur knöcheltiefen Wasser, in dem dann auch Kinder und Nichtschwimmer angstfrei plantschen können. Wer ein paar Badetage einlegen möchte, übernachtet am besten in den geräumigen und geschmackvoll eingerichteten *Apartementos Boomerang I,* mit Balkon direkt über dem Meer. *9 Zi., El Cantil 2, El Tamaduste, Tel. 922 55 02 00, Kategorie 3*

Eine der seltenen Möglichkeiten, draußen zu sitzen bietet die kleine Terrasse des *Bar Restaurante Tamaduste.* Gute traditionelle Küche und reiche Auswahl an herzhaften Tapas und Verkauf von frischem Brot. *C/. Tabaiba 7, Tel. 922 55 01 77, Kategorie 3*

## HOCHEBENE
### Meseta de Nisdafe  (117/D–E 3)
Die fruchtbare Hochebene, die sich südwestlich von San Andrés auf ca. 1100 m Höhe erstreckt, ist einmalig auf den kanarischen Inseln und ein wunderbares Wandergebiet.

Die in den Wintermonaten und im Frühling sattgrünen Wiesen und Weiden werden von Steinmauern durchzogen. Man könnte meinen, in Irland zu sein, wären da nicht die rotbraunen Vulkankegel, die wie dunkle Eisberge in einem Meer von Grün treiben. Gemächlich ziehen Schafs- und Ziegenherden mit ihrem Schäfer durch diese weite Landschaft. Schatten finden sie im Sommer unter mächtigen Zedern- und Eukalyptusbäumen oder in duftenden Pinienhainen. Feigen- und Maulbeerbäume sorgen für die nötige Wegzehrung. Malerisch überwuchern Schlingpflanzen und rot blühende Kakteen die Ruinen verfallender Natursteinhäuser. Dort, wo Ackerbau betrieben wird, ziehen nicht selten Esel- oder Maultiergespanne den Pflug durch die fruchtbaren Lavaböden, auf denen Getreide, Kartoffeln und Obst angebaut werden.

Die Hochebene liegt in der Zone der Passatnebel und besonders in den Wintermonaten verleihen sie der Landschaft etwas Geheimnisvolles. Im Frühling

*Heuernte auf der Hochebene ist harte Arbeit*

verwandelt sich die Ebene in einen wunderbaren Blütenteppich. Im Sommer aber brennt die Sonne auf das flache Land und dörrt es aus.

## Mirador de Jinanma (117/D 3)

〰 Der Aussichtspunkt mit kleiner Kirche klebt am Rand einer über 1200 m senkrecht abfallenden Steilwand. Sie schweben buchstäblich über dem Golf, und der Blick ist überwältigend. Der Wanderweg hinunter nach Frontera startet direkt bei der Aussichtsplattform und gehört zu den schönsten der Insel. Hier ist ein Taxitransfer nötig.

## Mirador de la Pena (117/D 2)

〰 Mit dem Auto erreichen Sie den Mirador in westlicher Richtung über die Orte Mocanal und Guarazoca auf einer kleinen Straße. Das direkt an den Rand der nordwestlichen Steilwand über dem Golftal gebaute Aussichtsrestaurant ist ein Meisterwerk von Cesar Manrique, dem berühmten Architekten aus Lanzarote. Bruchlos fügt es sich in die Landschaft ein. Durch die komplett verglaste Frontseite genießen Sie dort einen unvergesslichen Blick auf den gesamten Golfo, das weite Meer und die Roques de Salmor, eine der Steilküste vorgelagerte Felsgruppe. Auch der Innenraum ist äußerst kunstreich gestaltet und mit vielen endemischen Pflanzen geschmückt. Die Speisekarte ist an der traditionellen Küche orientiert, und die jungen Köche und das Personal dieses gastronomischen Lehrbetriebes geben sich alle Mühe. Leider schwankt das Qualitätsniveau des Essens beträchtlich, und die Preise sind für das Gebotene ausgesprochen hoch. Wenn Sie kein Risiko eingehen wollen, bestellen Sie einfach eine der schmackhaften Tapas und genießen bei einem Glas Wein die überwältigende Aussicht. *Mo–Sa 11–22.30 Uhr, So 12–15.30 Uhr, Kategorie 2*

Direkt vom Mirador (800 m) führt ein uralter Verbindungsweg durch die atemberaubende Steilwand direkt hinunter ans Meer bei Las Puntas. Diese Wanderung ist keine Rundtour und erfordert einen Taxitransfer.

## Mirador de las Playas und Mirador de Isora (117/D 4)

〰 Nicht weniger spektakulär sind die zwei Miradores an der Ostflanke der Insel, in den Ausläufern des Kiefernwaldes El Pinar. An den oberen Rand der senkrecht aufragenden Felswand *Risco de los Herrenos* (800 m) geschmiegt, bieten sie eine sagenhafte Aussicht auf die Küstenlandschaft von Las Playas, den Parador Nacional und den Roque de la Bonanza. Schwindelfreiheit, Trittsicherheit und eine gute Kondition sind erforderlich. Diese Tour ist nur geübten Wanderern zu empfehlen, da ein Taxitransfer zu umständlich wäre und daher auch der Rückweg zu Fuß zurückgelegt werden muss.

## San Andres (117/E 3)

Eine gut ausgebaute Straße verbindet Valverde mit dem südlich gelegenen San Andres.

Jedes Jahr am ersten Junisonntag wird hier die sehenswerte ✷ *Fiesta de Apanada* gefeiert. Im Mittelpunkt dieses Festes steht der jährliche Viehmarkt, für den Ochsen, Schafe und Ziegen zu-

*Standfestigkeit ist gefordert beim traditionellen Ringkampf*

sammengetrieben werden. Ein besonderer Spaß ist es, die meist verwegen aussehenden Hirten beim lautstarken Feilschen zu beobachten. Neben der Prämierung der schönsten Tiere bietet das Rahmenprogramm Pferderennen und den traditionellen Ringkampf *Lucha Canaria*. Ausgelassene Stimmung herrscht später an den zahlreichen Buden, die Inselspezialitäten wie gegrilltes Ziegenfleisch und herrenischen Landwein anbieten.

Der Ort selbst bietet keine Sehenswürdigkeiten, taugt aber durch seine zentrale Lage als guter Ausgangspunkt für Rundwanderungen in die Hochebene.

Gut zu erreichen ist der nahegelegene und berühmte *Árbol Santa*. Der legendäre Lorbeerbaum *Garoé* (Regenbaum) versorgte schon zu Zeiten der Ureinwohner die ansonsten wasserarme Insel mit dem lebensnotwendigen Nass. Gut geschützt durch eine Felsnische, kondensierten an seinen Ästen die Passatwolken. Das abtropfende

Wasser sammelte sich zu seinen Füßen in Mulden aus Basaltgestein. 1616 zerstörte ein heftiger Sturm den riesigen Baum, der erst 1949 neu gepflanzt wurde. Der Legende nach verriet eine Häuptlingstochter den streng geheimgehaltenen Standort des heiligen Baumes an einen der spanischen Eroberer, in den sie sich verliebt hatte. Der Wunderbaum ist heute im Inselwappen abgebildet. Wer von San Andres mit dem Auto zum Árbol Santa fahren möchte, der nimmt ab der *Plaza* die Straße Richtung *Mirador de La Pena* und *Las Montanetas*. Kurz vor den letzten Ställen biegt eine breite Piste nach rechts ab. Dann den Hinweisschildern folgen. Der heilige Baum ist auch Ziel für Ausflüge mit dem Pferd: Geführte Ausritte über die Hochebene, durch Pinienwälder und zum Árbol Santo bietet der *Reitclub R. Q. R, Ctra. del Norte s/n, Tel. 609 91 46 45*. Bei Einzelpersonen ist der Preis Verhandlungssache, Gruppen von 7 Personen zahlen 1200 Ptas pro Stunde.

# Kleine Inseln und große Landschaften

*Die hier beschriebenen Routen sind in der Übersichtskarte im vorderen Umschlag und im Reiseatlas ab Seite 108 grün markiert*

① **GRANDIOSE NATUR: HIERROS »WILDER WESTEN« IST ABWECHSLUNGSREICH UND EINZIGARTIG**

 **Diese Tour durch den Westen Hierros (64 km, mit Abstechern 93 km, ca. 4 Stunden)** bietet aufregende Vulkanlandschaften und eine Menge Sehenswürdigkeiten. Am Weg liegen der malerische Ort Sabinosa, die Heilquelle Pozo de la Salud und der herrliche Sandstrand Verodal. Nach einem Abstecher zum berühmten Leuchtturm Faro de Orchilla mit Badegelegenheit und dem Besuch des Inselheiligtums der Schutzpatronin führen kurze Abzweige zum Wacholderwald El Sabinar und zum Mirador. Nach einem Rundblick vom höchsten Gipfel geht es zurück nach Frontera. Nehmen Sie ausreichend Wasser und Proviant mit, denn es gibt keine Möglichkeit zum Einkehren.

Am Kirchplatz in *Frontera (S. 67)* beginnt die Fahrt. Der Straße in Richtung Westen 10 km folgend, fahren Sie abwärts durch *Tigaday (S. 67)* bis Sie den schönsten Ort der Insel, *Sabinosa (S. 72)*, erreichen. Von dort führt eine serpentinenreiche Straße über 3 km zur Heilquelle *Pozo de la Salud (S. 72)* an der Küste. Richtung Westen durchqueren Sie anschließend die wilden und stark zerklüfteten Vulkanlandschaften des Küstenstreifens von Arenas Blancas und erreichen nach 5 km die Abzweigung zur Playa del Verodal, dem prachtvollsten Strand Hierros. Dieser Platz ist unbedingt einen Abstecher wert (1,2 km). Die folgenden 5 km windet sich eine gut ausgebaute, aber schmale Straße in engen, teilweise spektakulären Kurven hoch zum Weideland der Dehesa. Von dieser Straße genießen Sie wunderbare Ausblicke auf mächtige Vulkankegel und das weite Meer. Legen Sie ab und zu einen Stopp ein, denn die abenteuerliche Straße erfordert Ihre ganze Aufmerksamkeit.

Die Abzweigung einer Erdpiste zum 4,5 km entfernten *Faro de Orchilla (S. 77)* ist gut ausgeschildert. Der Leuchtturm liegt in einer schwarzen Einöde aus Lavagestein und Vulkankratern und markiert den südwestlichsten Punkt Europas. In der Antike wurde hier das Ende der Welt vermutet. Vor dem Faro biegt nach links eine Piste ab, die nach 1,5 km zu einer geschützten Badestelle führt, wo Sie auch im Winter baden können. Gönnen Sie sich eine Pause im kühlen Nass, bevor die Tour weitergeht.

Wieder auf der Straße, fahren Sie rechts Richtung Santuario de la Virgen, das Sie nach ca. 3 km erreichen. Unterwegs passieren Sie einige Viehgatter, die Sie bitte wieder hinter sich schließen.

Nach dem lohnenden Besuch der kleinen Ermita, dem Heiligtum der Schutzpatronin, führt ein 3 km langer, gut ausgeschilderter Abstecher zum einzigartigen Wacholderwald *El Sabinar (S. 76)*. Dort endet die Piste. Auf dem Rückweg zweigt nach links ein weiterer 3 km langer Abstecher zum atemberaubenden Aussichtspunkt *Mirador de Bascos (S. 78)*, der über dem Tal von El Golfo schwebt.

Von der Ermita aus nehmen Sie die Straße nach Osten und folgen nach 6 km links einer kurvigen Piste hoch Richtung Malpaso, dem höchsten Berg der Insel.

Die folgende Panoramapiste liegt 1200 m über dem Meeresspiegel. Sie führt herrliche Kiefernwälder entlang und bietet grandiose Ausblicke aus der Vogelperspektive auf die Lavafelder von El Julán und auf die Küste. Oberhalb dieser Straße verläuft der berühmte Pilgerpfad, der Camino de la Virgen, der nach Valverde führt und auf dem alle fünf Jahre eine große Prozession zu Ehren der Madonna stattfindet.

Die beschilderte Abzweigung zum Malpaso links rauf erreichen sie nach ca. 8 km. Wenn Sie dann auf dem 1500 m hohen Gipfel stehen, liegt Ihnen die gesamte Insel zu Füßen.

Nach weiteren 2 km kommen Sie zum Cruz de los Reyes, einem großen Platz mit Steinaltar und Holzkreuz. Von hier sind es noch 3 km bis zur Hauptstraße, in die Sie nach links einbiegen. Nach 19 km erreichen Sie La Frontera.

## ② GOMERA: IN DEN SCHLUCHTEN UND TÄLERN DES GRÜNEN NORDENS

**Rundtour durch die abwechslungsreichen Landschaften des Nordens. 87 km, mit Abstechern 115 km, ca. 5 Stunden. Herrliche Täler, malerische Orte, verlassene Dörfer, ein Meeresschwimmbad und das sanfte Bananental von Hermigua sind Highlights dieses Ausflugs. Am Weg liegen lohnende Abstecher zum Besucherzentrum Juego de Bolas und zum Weiler El Cedro.**

Sie fahren das Valle Gran Rey hoch und erreichen nach 12 km das Bergdorf *Arure (S. 48)*. Von hier gelangen Sie auf 4 km kurvenreicher Strecke zur Kreuzung Apartacaminos im Lorbeerwald. Der Weg bietet nach Osten hin wunderbare Blicke auf den Tafelberg Fortaleza und nach Westen, von einem markierten Aussichtspunkt aus, eine grandiose Sicht auf die Tallandschaft um den Ort Epina. an der Kreuzung fahren Sie geradeaus Richtung *Vallehermoso (S. 61)*. Nach 4 km durch schönsten Nebelwald gelangen Sie zum Restaurant Chorros de Epina. Kurz davor führt eine Erdpiste nach links zu einer Kapelle und weiter unten zu den berühmten Quellen an einem lauschigen Plätzchen im Wald.

Auf dem 6 km langen Weg durch das tiefeingeschnittene Tal von Vallehermoso mit seinen abenteuerlich terrassierten

Weinfeldern passieren Sie den kleinen Ort *Macayo (S. 63)*, der malerisch zwischen Palmenhainen liegt. Er ist über eine kleine Stichstraße zu erreichen und bietet Gelegenheit zu einer kurzen Pause. Die folgende größere Ortschaft Vallehermoso wird überragt vom schroffen, 650 m hohen Roque Cano. Im interessanten Ortskern finden Sie einige sehenswerte Stadthäuser und nette Kneipen. Ein ausgeschilderter Abstecher leitet zur nahen Playa, die gerade für den Badebetrieb ausgebaut wird.

Durch einen Tunnel verlassen Sie den Ort Richtung Osten und gelangen auf einer herrlichen Panoramastraße zum altkanarischen Weiler *Tamargada (S. 63)*, der mit seinen Natursteinhäusern unterhalb der Hauptstraße in einem fruchtbaren Tal liegt. Hier wird sehr guter Wein angebaut. Zu erreichen ist der Ort nur über eine unbefestigte und steile Erdpiste.

Bei der folgenden Streusiedlung Las Rosas sollten Sie den lohnenden Abstecher zum Inselmuseum Juego de Bolas nicht versäumen (insgesamt 8 km). Dort können Sie sich umfassend über Geschichte und Kultur von Gomera informieren. In der angegliederten Gartenanlage finden Sie die wichtigsten endemischen Pflanzen der Insel. Zwischen dem Museum und der benachbarten Kneipe führt eine kleine Straße steil bergab. An ihrem Ende zweigt eine Erdpiste nach links. Sie endet an einem Aussichtspunkt, von dem Sie einen schönen Ausblick auf den tief unter Ihnen liegenden Ort Agulo und auf die Nachbarinsel Teneriffa genießen können.

14 km von Vallehermoso entfernt liegt *Agulo (S. 60)* an der Nordostküste. Der Ort gilt zu Recht als der schönste der Insel. Spektakulär liegt er auf einem Felsplateau über dem Meer, umrahmt von einer gewaltigen Steilwand. Ein Spaziergang durch die engen Gässchen lohnt sich ebenso wie der Besuch der Kirche. Danach geht es weiter, nunmehr in südlicher Richtung: Wenn nach 4 km das weite und grüne Tal von *Hermigua (S. 56)* vor Ihnen liegt, ist es Zeit für eine Erfrischungspause. Baden können Sie im Meeresschwimmbad (ca. 2 km) oder in der nahe gelegenen herrlichen Badebucht Playa de la Caleta (ca. 6 km), zu der Sie allerdings nur über eine kurvige Schotterpiste gelangen. Verpassen Sie bei der Weiterfahrt auf keinen Fall das Restaurant Casa Creativa, *Café tgl. 18–22 Uhr, Restaurant tgl. 18–21 Uhr, Tel. 922 88 07 51, Kategorie 2.* Neben einer reichen Auswahl an köstlichen Tapas und wunderbaren Kuchen können Sie von der Terrasse einen unvergleichlichen Blick auf das mit Bananen bepflanzte Tal und die alten Patrizierhäuser entlang der Straße genießen. Folgen Sie der Hauptstraße durch den langgezogenen Ort und versäumen Sie nicht einen Besuch des Webstuhlmuseums *Museo Los Telares* im oberen Ortsteil.

Nehmen Sie nach 7 km nicht die Nordstraße nach San Sebastián, sondern die kleine kurvenreiche Straße, die sich durch eine wildromantische Gebirgslandschaft und durch Lorbeerwälder nach oben schlängelt. Nach 3 km zweigt eine gut beschilderte, steile Erdpiste nach rechts zum Weiler El Cedro ab, die im weiteren Verlauf betoniert ist. (Machen Sie diesen lohnenden Abstecher nur, wenn die Piste in einem sichtbar guten Zustand ist!)

An der Kreuzung Cruz de la Zarzita gelangen Sie nach links zum ca. 1 km entfernten Roque Agando, einem mächtigen Basaltmonoliten.

Nach rechts führt Sie die Höhenstraße über 7 km zur Laguna Grande und nach weiteren 24 km zurück ins Valle Gran Rey.

## ③ GOMERA: MEER UND BERGE: VOM HÖHENWEG INS SONNENTAL

**In Arure beginnt diese leichte Höhenwanderung durch mäßig abfallendes Gelände – für die Anfahrt empfehlen sich Bus oder Taxi. Erkunden Sie dann den mächtigen Höhenrücken La Mérica und genießen Sie die phantastische Aussicht. Die Wanderung endet mit einem steilen Abstieg ins Valle Gran Rey und dauert ca. 2–2½ Stunden. Wichtig sind ein guter Sonnenschutz und ausreichend Trinkwasser.**

Vor der großen Rechtskurve der Hauptstraße am südwestlichen Ortseingang von *Arure (S. 48)* befindet sich zur Linken ein Hinweisschild mit der Aufschrift »Mirador Ermita el Santo«. Diesem folgen Sie auf einem unbefestigten Fahrweg in Richtung Aquädukt. Durch einen kurzen Tunnel nach rechts kommen Sie zur Ermita, von wo sich Ihnen ein überwältigender Ausblick auf die grandiose Gebirgslandschaft der Westküste und den Ort *Taguluche (S. 54)* bietet. Nach diesem Abstecher führt der Weg an einigen Häusern vorbei und biegt scharf nach rechts ab. Folgen Sie ihm,

auch wenn er mit einer Kette gesperrt ist.

Zunächst fällt der Blick auf das tief unten liegende Meer und die sattgrünen Felder um Taguluche. Sie passieren die Müllkippe von Gomera und steigen dann über Steinstufen aufwärts zur Hochebene, die Sie nach ca. einer halben Stunde Gehzeit erreichen. Bald wird links der Blick frei auf den Barranco de Arure und die serpentinenreiche Talstraße, später dann auch auf das Valle Gran Rey. Ebenfalls haben Sie von hier oben einen herrlichen Blick bis zum sagenumwobenen Tafelberg Fortaleza (1241 m) und die umliegenden Bergdörfer. Der Weg führt nun gemächlich bergab in Richtung auf den scharfgeschnittenen Felskamm La Mérica. Durch eine steinige Hochebene gelangen Sie zu einem verlassenen Gehöft und einem alten, instandgesetzten Dreschplatz, der davon zeugt, dass hier früher einmal Getreide angebaut wurde.

Vorbei an verfallenen Terrassenfeldern beginnt kurz darauf der Abstieg ins Tal. Gehen Sie jedoch noch etwa 10 Minuten geradeaus weiter; Sie gelangen zu einem freistehenden Baum und von dort an den Rand der Hochebene. Tief unten sehen Sie das Valle Gran Rey auf der einen und die Playa del Inglés mit der anschließenden Steilküste auf der anderen Seite.

Zurück zum Abstieg führt der schmale Weg in vielen Kehren durch ein vielfarbiges Gesteinsmassiv hinunter zur Ortschaft Calera. Dabei genießen Sie unvergessliche Ausblicke auf das gesamte Tal, das grüne Delta und das weite blaue Meer.

# Von Auskunft bis Zoll

*Hier finden Sie kurz gefasst die wichtigsten Adressen und Informationen für Ihre Gomera- bzw. Hierro-Reise*

## AUSKUNFT

### Spanische Fremdenverkehrsämter
In Deutschland:
– *Kurfürstendamm 180, 10707 Berlin, Tel. 030/882 65 43, Fax 882 66 61*
– *Grafenberger Allee 100, 40237 Düsseldorf, Tel. 0211/680 39 82, Fax 680 39 85*
– *Myliusstraße 14, 60325 Frankfurt/Main, Tel 069/72 50 33, Fax 72 53 13*
– *Schubertstraße 10, 80336 München, Tel. 089/538 90 76, Fax 532 86 80*

In Österreich:
– *Walfischgasse 8, 1010 Wien, Tel. 01/512 95 80, Fax 512 95 81*

In der Schweiz:
– *Seefeldstrasse 19, 8008 Zürich, Tel 01/252 79 30, Fax 252 62 04*

## AUTO

In Ortschaften beträgt die Höchstgeschwindigkeit 50 km/h, ansonsten 80 km/h. Anschnallen ist Pflicht, und der Führerschein und Ausweispapiere müssen mitgeführt werden. Seit die Promillegrenze auf 0,5 gesenkt wurde,

werden verstärkt Kontrollen durchgeführt. Privates Abschleppen ist nicht erlaubt und wegen der sehr kurvigen und steilen Straßen auch nicht angeraten. Der Abschleppdienst *(grua)* ist dann zuständig.

Es empfiehlt sich, die Vorschriften sehr genau einzuhalten, denn die Strafen sind drastisch und reißen große Löcher in die Urlaubskasse. Wer nicht angeschnallt ist oder den Führerschein vergessen hat, zahlt jeweils umgerechnet ca. 200 Mark. Wer an einem gelb oder rot markierten Bordstein parkt oder in einer Kurve rückwärts fährt, der ist schnell 600 Mark los. Fahren Sie defensiv, vermeiden Sie das Schneiden von Kurven und hupen Sie ruhig vor unübersichtlichen Stellen.

Wenn Ihr Vordermann den Arm aus dem Fenster streckt und Handzeichen gibt, ist das die traditionelle Warnblinkanlage. Fahren Sie in solchen Fällen besonders vorsichtig.

Im Vergleich zu anderen europäischen Ländern sind Benzin *(Gasolina)* und Diesel auf den Kanaren zollfrei und deshalb sehr billig. Bleifreies Benzin gibt es überall. Selbstbedienung ist nicht erwünscht.

Es ist ratsam, vor Inselrundfahrten vollzutanken, denn auf Gomera und Hierro gibt es nur wenige Tankstellen. Unter der Woche sind sie den ganzen Tag durchgängig bis 20 Uhr geöffnet, an Sonn- und Feiertagen jedoch nur bis 13 Uhr.

Inselrundfahrten sind mit dem normalen Linienbus nicht möglich; es empfiehlt sich, dafür ein Auto zu mieten.

Wer sein Mietauto nicht gleich von Deutschland aus bucht, der findet sowohl auf Gomera als auch auf Hierro zahlreiche Autovermieter, die ihre Dienste bereits am Hafen oder Flughafen anbieten. Auf jeden Fall lohnt es sich, die Preise zu vergleichen.

Preisliche Richtschnur für einen Wagen der Kategorie B, inklusive aller Nebenkosten und Vollkaskoversicherung mit geringer Selbstbeteiligung sind 5000 Ptas. Benötigt werden gültige Ausweispapiere und der Führerschein. Das Mindestalter beträgt 21 Jahre. Auf jeden Fall sollten Sie mit dem Vermieter die Funktionstüchtigkeit überprüfen und auf eventuelle Beulen und Lackschäden aufmerksam machen. Wichtig ist der Zustand der Bereifung. Abgefahrenen Profilen machen die vielen spitzen Geröllsteine auf den Straßen schnell den Garaus.

setzt man auf die Unerfahrenheit der Urlauber und berechnet einen schlechten Kurs.

Euroschecks können über maximal 25 000 Ptas ausgestellt werden, die Gebühr beträgt bis zu 2 % der Summe.

Immer mehr Urlauber ziehen ihre Devisen an Geldautomaten, die es mittlerweile in jedem größeren Touristenort gibt. Die Handhabung ist unproblematisch, und sie sind Tag und Nacht zugänglich. Die Heimatbank stellt dafür bis zu 5 Mark in Rechnung. Das entspricht in etwa den Gebühren für einen Euroscheck. Kreditkarten werden in fast allen Restaurants und Geschäften akzeptiert. Gängig sind Visa, American Express und Eurocard. Reiseschecks sind sicher und preiswert. Manche Banken erheben beim Eintausch eine Gebühr. Dafür ist der Kurs meist besser, das macht die Kosten wieder wett. Bargeld tauschen auch Reisebüros, Rezeptionen und lizensierte Geschäfte.

Schalterstunden der Banken: *Mo–Fr 8.30–14 Uhr, in den Wintermonaten auch Sa 8.30–13 Uhr*

Der Verlust von Kreditkarten muss unverzüglich gemeldet werden:
American Express,
*Tel. 91/572 03 03*
Diners Club, *Tel. 91/547 40 00*
Eurocard, *Tel. 91/519 21 00*
Eurocheque,
*Tel. 0049/69/74 09 87*
Visa, Tel. *91/519 21 00*

## BANKEN/GELDWECHSEL

Vor Ort ist der Wechselkurs in der Regel besser. Allerdings sollten Sie es vermeiden, am Flughafen zu tauschen, denn dort

## CAMPING

Auf Hierro gibt es keine bewirtschafteten Campingplätze, auf Gomera nur einen im Weiler El Cedro. Wildes Campen stellt kein Problem dar, solange man sich an die Regeln hält. Bei Privatgrundstücken sollten Sie, wenn möglich, den Besitzer kontaktieren. In jedem Fall auf offenes Feuer verzichten und alles sauber hinterlassen. Verboten sind Übernachtungen an Stränden, in Flussbetten und Naturschutzparks.

## DIPLOMATISCHE VERTRETUNG

Auf den kleinen Inseln gibt es keine diplomatischen Vertretungen. Zuständig sind die Konsulate auf Teneriffa *(Bürozeiten Mo–Fr 9–12 Uhr):*

Deutsches Konsulat, *Avda. Francisco Laroche 45, Santa Cruz de Tenerife, Tel. 922 28 48 12, Fax 922 24 70 49*

Österreichisches Konsulat, *C/. San Francisco 17, Santa Cruz de Tenerife, Tel. 922 24 37 99*

Schweizer Konsulat, *C/. Domingo Rivero 2, Las Palmas de Gran Canaria, Tel. 928 29 34 50, Fax 928 29 00 70*

## EINREISE

Mitglieder der Europäischen Gemeinschaft werden nicht mehr kontrolliert. Gültige Ausweispapiere müssen aber mitgeführt werden.

## FLUGHÄFEN

Gomera und Hierro werden nur mit kleinen Turbopropmaschinen der Gesellschaften Binter und Air Atlantic angeflogen. Nach Hierro gibt es Verbindungen von Teneriffa, La Palma und Gran Canaria, nach Gomera gehen Flüge von Teneriffa und von Gran Canaria aus.

## GESUNDHEIT

Aktuelle Informationen vor der Reise: *www.fit-for-travel.de.*

Besucher aus EU-Ländern genießen auch auf den Kanaren Versicherungsschutz. Benötigt wird der Auslandskrankenschein (E 111), den Sie mit den nötigen Informationen bei Ihrer Krankenkasse erhalten. Dieser gilt nur für zugelassene Kassenärzte und nicht für Privatärzte. Es ist daher sinnvoll, zusätzlich eine Reisekrankenversicherung (20 Mark für 14 Tage) abzuschließen, die einen eventuellen Rücktransport beinhaltet und die Kosten auch für Privatärzte und Medikamente bei Vorlage einer Rechnung erstattet. Diese Rechnung sollte so detailliert wie möglich sein (Cuenta detallada). Für eine ärztliche Behandlung werden etwa 7000 Ptas berechnet.

Die medizinische Versorgung ist in der Regel gut. Für kleinere Probleme und erste Hilfe ist das örtliche Gesundheitszentrum, das *Centro de Salud,* zuständig, bei ernsteren Verletzungen und Krankheiten das Hospital.

Niedergelassene deutsche Ärzte gibt es auf Gomera und Hierro nicht.

Gomera, San Sebastián: *Centro de Salud, C/. Ruiz de Padrón 32, Tel. 922 87 20 05*

Valle Gran Rey: *Centro de Salud, oberhalb Calera, Tel. 922 80 70 05*

Hierro, Valverde: *Hospital am Ortsausgang Richtung Hafen, Tel. 922 55 40 14*

Apotheken *(farmacias)* sind durch ein grünes Kreuz auf weißem Grund gekennzeichnet. Das Angebot an Arzneimitteln entspricht europäischem Standard und ist im Allgemeinen preisgünstiger. Öffnungszeiten: Mo bis Fr 9–13 und 16–19 Uhr, Sa nur vormittags. Die aktuellen Adressen der Notdienste *(farmacia de guardia)* hängen aus.

### Zahnärzte

San Sebastián: *Dr. José Norberto Mendoza Navaro, C/. El Tanquito 13, Mo–Fr 9–13 und 16–20 Uhr*

*Valle Gran Rey: Dr. Luciano R. Díaz Conzáles, an der Straße von Vueltas nach Calera, gegenüber Apartementos Laurisilva, Tel. 922 80 55 22*

*Hierro, Valverde: Dr. Ester, C/. Dacio Darios s/n, Tel. 922 55 06 43*

## LITERATUR

*Kanarische Inseln – Auf den Spuren atlantischer Völker,* Harald und Marianne Bream, Edition Orient. Vermittelt Wissenswertes zur Kultur der Ureinwohner.

*Pflanzen auf Gomera,* Andrea Müller, Thomas K. Müller, Edition El Fotografo. Ein gut bebildertes Buch über die Pflanzen auf Gomera, mit dem Sie die Flora problemlos bestimmen können.

## ÖFFENTLICHE VERKEHRSMITTEL

Fast alle Orte sind mit dem Bus erreichbar. Startpunkt ist immer die jeweilige Hauptstadt. Bei Ankunft der Fähre warten Busse, die zu den wichtigsten touristischen Orten der Insel fahren. Bus fahren ist günstig, und die Busse halten, auf ein deutliches Zeichen hin, auch auf offener Straße. Wer unterwegs aussteigen möchte, muss sich rechtzeitig beim Fahrer bemerkbar machen. Die Busse fahren sehr pünktlich ab, und besonders im Valle Gran Rey, wo sie manchmal überfüllt sind, ist es ratsam, sehr zeitig da zu sein. Das rasante Tempo der Busse auf den kurvigen Straßen von Gomera ist nichts für schwache Mägen und Nerven. Da sind die in der Regel sanfteren Taxifahrten eine bessere Alternative.

## NOTRUF

Bei Diebstahl und allen Arten von Notfällen ist die Guardia Civil zuständig, Tel. 112

## POST

Die Postämter in den Hauptorten sind meist gut ausgeschildert und ohne Probleme zu finden. Marken für normale Briefe und Postkarten in EU-Länder und in die Schweiz kosten 70 Ptas. Öffnungszeiten: *Mo–Fr 9–14, Sa 9–13 Uhr*

## SPORT

Wer mit Jugendlichen reist, sollte darauf vorbereitet sein, dass die Möglichkeiten, Sport zu treiben, auf Gomera und Hierro sehr beschränkt sind. Wegen starker Strömungen ist Windsurfen nicht möglich. Auch Surfen erfordert wegen der steinigen Küste genaue Ortskenntnisse und Erfahrung und ist deshalb für Urlauber sehr gefährlich. Von Paragliding muss auf Gomera wegen der ungünstigen Windverhältnisse und der extremen Topographie abgeraten werden.

Ein wahres Paradies finden naturbegeisterte Wanderer auf den kleinen Inseln. Auf unzähligen und oft uralten Wanderwegen können sie die herrlichsten Landschaften erkunden. Geführte Wanderungen in alle Teile der Inseln werden angeboten.

Die Kanaren sind ein beliebtes Segelrevier. Yachten können nur auf Teneriffa gechartert werden, aber der *Club de Mar* im Valle Gran Rey bietet Segeltörns entlang der Küste oder auch nach La Palma an. Der Club veranstaltet auch Angeltouren mit kleinen Fischerbooten.

Die favorisierte Sportart auf Gomera ist Mountainbiking. Um die wunderbare Bergwelt aus eigener Kraft zu erkunden, sind die grobstolligen Bikes das beste Fortbewegungsmittel. Ein dichtes Netz von Forstpisten und Wirtschaftswegen überzieht die Insel, und auch der Nationalpark kann auf einer ausgewiesenen Piste durchquert werden.

Tennisplätze gehören auf Gomera zum Tecina Hotel in Santiago und zum Hotel Gran Rey im Valle Gran Rey, auf Hierro zum Hotel La Brujita in Frontera. Sie dürfen nicht nur von Hotelgästen, sondern auch von Gastspielern genutzt werden.

## STROMSPANNUNG

Alle Hotels, Pensionen und Apartmenthäuser verfügen über 220 Volt.

Viele Steckdosen sind allerdings nicht geerdet und haben ein anderes Format. Die benötigten Adapter erhält man beim Vermieter oder im Geschäft.

## TAXI

Taxistände finden Sie in allen größeren Orten, am Hafen und am Flughafen. Allerdings sind sie ab ca. 22 Uhr nicht mehr besetzt. Meist kennt aber der Barmann oder der Apartmentbesitzer privat einen *Taxista,* den er anrufen

kann. Das gilt auch für kleinere Orte ohne Stand. Alle Taxis haben ein Taxameter, und der Gast kann darauf bestehen, dass er eingeschaltet wird. Meist werden aber Festpreise vereinbart. Auf jeden Fall vorher nach dem Preis erkundigen! Richtschnur sind 100 Ptas für 1 km zuzüglich Grundgebühr.

## TELEFON

Die Telefonhäuschen der Telefonica bieten sowohl Münz- als auch Kartentelefone. Karten im Wert von 1000, 2000 und 5000 Ptas verkaufen Schreibwaren- und Zeitschriftenläden. Für Ortsgespräche innerhalb der Provinz Teneriffa gilt die Vorwahl 922, für Gran Canaria 928. Bei Auslandsgesprächen vor die Ländervorwahl eine weitere Null setzen (Deutschland 0049, Österreich 0043 und Schweiz 0041) und bei der Ortsvorwahl die Null weglassen.

## TRINKGELD

War der Service gut, ist ein Trinkgeld von 10 % angemessen. Lassen Sie sich das gesamte Wechselgeld zurückgeben und legen Sie dann den Tip hin. Aufrunden des Rechnungsbetrages stiftet nur Verwirrung und führt zu peinlichen Missverständnissen.

In den Bars wird eine kleine Glocke geläutet, wenn Sie ein Trinkgeld geben.

## ZEIT

Ob Sommer- oder Winterzeit, die Uhr muss auf den Kanarischen Inseln immer eine Stunde zurückgestellt werden.

Die Presse aus dem europäischen Raum trifft meist mit einem Tag Verspätung ein. Sehr informativ und voller aktueller Tipps sind die beiden deutschsprachigen Inselzeitungen, der »Wochenspiegel« und »Der Valle Bote«.

## ZOLL

Obwohl sie zur EU gehören, gelten für die Kanaren zollrechtliche Sonderbestimmungen. Folgende Mengen dürfen nach Deutschland und Österreich eingeführt werden: 200 Zigaretten oder 100 Zigarillos oder 50 Zigarren, 1 l hochprozentige Spirituosen mit mehr als 22 % Alkohol oder 2 l Wein. Erlaubt sind daneben 50 g Parfüm, 0,5 l Eau de Toilette, 100 g Tee oder 500 g Kaffee. Der Gesamtwert anderer Waren darf 340 Mark nicht überschreiten. Für die Schweiz gelten andere Bestimmungen.

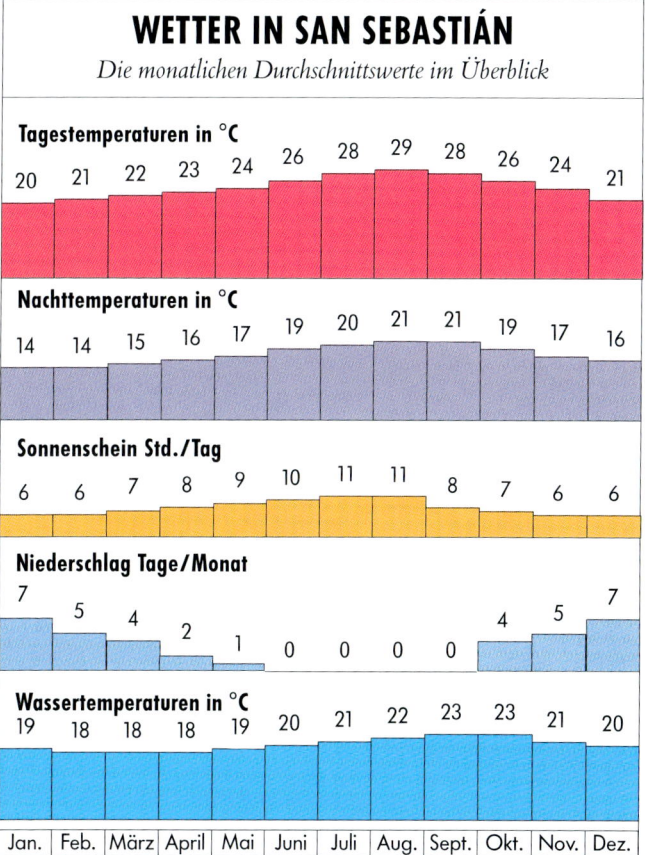

## WETTER IN SAN SEBASTIÁN
*Die monatlichen Durchschnittswerte im Überblick*

| | Jan. | Feb. | März | April | Mai | Juni | Juli | Aug. | Sept. | Okt. | Nov. | Dez. |
|---|---|---|---|---|---|---|---|---|---|---|---|---|
| **Tagestemperaturen in °C** | 20 | 21 | 22 | 23 | 24 | 26 | 28 | 29 | 28 | 26 | 24 | 21 |
| **Nachttemperaturen in °C** | 14 | 14 | 15 | 16 | 17 | 19 | 20 | 21 | 21 | 19 | 17 | 16 |
| **Sonnenschein Std./Tag** | 6 | 6 | 7 | 8 | 9 | 10 | 11 | 11 | 8 | 7 | 6 | 6 |
| **Niederschlag Tage/Monat** | 7 | 5 | 4 | 2 | 1 | 0 | 0 | 0 | 0 | 4 | 5 | 7 |
| **Wassertemperaturen in °C** | 19 | 18 | 18 | 18 | 19 | 20 | 21 | 22 | 23 | 23 | 21 | 20 |

# Bloß nicht!

*Gut zu wissen, wo die Fettnäpfchen stehen und wo*
*Sie sich unnötig in Gefahr begeben*

## Gute Ratschläge erteilen

*Cabezas quadradas* werden die deutschen Touristen häufig spöttisch genannt: das bedeutet Quadratschädel. Angespielt wird dabei nicht etwa auf die Kopfform, sondern auf eine häufig verbreitete und unangenehme Art der Teutonen, immer alles besser wissen zu müssen. Sprüche wie »Organisation ist alles!« entsprechen nicht der südländischen Lebensart und sollten am besten zu Hause gelassen werden. Anregungen zu Kindererziehung oder Hausbau, Elektrik oder Umweltschutz sind aber nicht nur unerwünscht, sondern können auch beleidigend sein, wenn sie in belehrendem oder sogar überheblichem Ton vorgetragen werden.

## Von fremden Früchten naschen

Oft werden Sie auf Wanderungen und Spaziergängen an verwaisten Obstbäumen und Bananenplantagen vorbeikommen, die scheinbar niemandem gehören, weil keine Zäune oder Mauern sie schützen. Dann heißt es Hände weg, auch wenn die süßen Früchtchen Sie noch so verführerisch anschauen. Nichts ist beschämender, als mit vollem Mund unter einem fremden Baum zu stehen und von einem aus dem Nichts aufgetauchten Besitzer beschimpft zu werden – und das auch noch zu Recht.

## Leichtsinnig sein

An manchen Tagen sieht das Meer so ruhig aus, als könnte man ohne Probleme zur Nachbarinsel schwimmen. Die Einheimischen bezeichnen es dann als *Mar muerto,* das tote Meer. Doch der Eindruck täuscht. Auch in Strandnähe lauern eine Menge tückischer und sehr schneller Strömungen, die auch gute Schwimmer mit sich reißen können. Dann sieht es schlecht aus, denn Rettungsringe, Bademeister oder gar Rettungsboote gibt es an den Stränden der Inseln nicht.

## Eine böse Überraschung erleben

Einbrüche und Diebstähle sind auf Gomera und Hierro immer noch die Ausnahme. Trotzdem ist Vorsicht geboten. Lassen Sie auf keinen Fall Fotoapparate, Handtaschen, Reisegepäck oder andere wertvolle Gegenstände im Auto liegen – auch nicht für einen kurzen Moment. Verschließen Sie beim Verlassen des Apartments alle Türen und Fenster sorgfältig. Am Strand sollten Sie Ihre Badetasche nicht zu lange aus den Augen lassen.

# Sprechen und Verstehen ganz einfach

**Zur Erleichterung der Aussprache:**

| | |
|---|---|
| c | vor »e, i« stimmloser Lispellaut, stärker als engl. »th«. Bsp.: gracias |
| ch | stimmloses deutsches »tsch« wie in »tschüs« |
| g | vor »e, i« wie deutsches »ch« in »Bach« |
| gue, gui/que, qui | das »u« ist immer stumm, wie deutsches »g«/»k« |
| j | immer wie deutsches »ch« in »Bach« |
| ll, y | wie deutsches »j« zwischen Vokalen. Bsp.: Mallorca |
| ñ | wie »gn« in »Champagner« |

## AUF EINEN BLICK

| | |
|---|---|
| Ja./Nein. | Sí./No. |
| Vielleicht. | Quizás./Tal vez. |
| In Ordnung./Einverstanden! | ¡De acuerdo!/¡Está bien! |
| Bitte./Danke. | Por favor./Gracias. |
| Vielen Dank! | Muchas gracias. |
| Gern geschehen. | No hay de qué./De nada. |
| Entschuldigung! | ¡Perdón! |
| Wie bitte? | ¿Cómo dice/dices? |
| Ich verstehe Sie/dich nicht. | No le/la/te entiendo. |
| Ich spreche nur wenig … | Hablo sólo un poco de … |
| Können Sie mir bitte helfen? | ¿Puede usted ayudarme, por favor? |
| Ich möchte … | Quiero …/Quisiera …/Me gustaría … |
| Das gefällt mir (nicht). | (No) me gusta. |
| Haben Sie …? | ¿Tiene usted …? |
| Wie viel kostet es? | ¿Cuánto cuesta? |
| Wie viel Uhr ist es? | ¿Qué hora es? |

## KENNENLERNEN

| | |
|---|---|
| Guten Morgen! | ¡Buenos días! |
| Guten Tag! | ¡Buenos días!/¡Buenas tardes! |
| Guten Abend! | ¡Buenas tardes!/¡Buenas noches! |
| Hallo! Grüß dich! | ¡Hola! ¿Qué tal? |
| Ich heiße … | Me llamo … |
| Wie ist Ihr Name, bitte? | ¿Cómo se llama usted, por favor? |
| Wie geht es Ihnen/dir? | ¿Qué tal está usted?/¿Qué tal? |
| Danke. Und Ihnen/dir? | Bien, gracias. ¿Y usted/tú? |
| Auf Wiedersehen! | ¡Hasta la vista!/¡Adiós! |
| Tschüss! | ¡Adiós!/¡Hasta luego! |
| Bis bald! | ¡Hasta pronto! |
| Bis morgen! | ¡Hasta mañana! |

### Auskunft

| | |
|---|---|
| links/rechts | a la izquierda/a la derecha |
| geradeaus | todo seguido/derecho |
| nah/weit | cerca/lejos |
| Wie weit ist das? | ¿A qué distancia está? |
| Ich möchte … mieten. | Quisiera alquilar … |
| … ein Auto | … un coche. |
| … ein Boot | … una barca/un bote/un barco. |
| Bitte, wo ist …? | Perdón, ¿dónde está … |
| … der Bahnhof | … la estación (de trenes)? |
| … der Busbahnhof | … la estación de autobuses /la terminal? |
| … die U-Bahn | … el metro? |
| … der Flughafen | … el aeropuerto? |
| Zum … Hotel. | Al hotel … |

### Panne

| | |
|---|---|
| Ich habe eine Panne. | Tengo una avería. |
| Würden Sie mir bitte einen Abschleppwagen schicken? | ¿Pueden ustedes enviarme un cochegrúa, por favor? |
| Gibt es hier in der Nähe eine Werkstatt? | ¿Hay algún taller por aquí cerca? |

### Tankstelle

| | |
|---|---|
| Wo ist bitte die nächste Tankstelle? | ¿Dónde está la estación de servicio/la gasolinera más cercana, por favor? |
| Ich möchte … Liter … | Quisiera … litros de … |
| … Normalbenzin. | … gasolina normal. |
| … Super./… Diesel. | … súper./… diesel. |
| … bleifrei/… verbleit. | … sin plomo./… con plomo. |
| … mit … Oktan. | … de … octanos. |
| Voll tanken, bitte. | Lleno, por favor. |

### Unfall

| | |
|---|---|
| Hilfe! | ¡Ayuda!, ¡Socorro! |
| Achtung! | ¡Atención! |
| Vorsicht! | ¡Cuidado! |
| Rufen Sie bitte schnell … | Llame enseguida … |
| … einen Krankenwagen. | … una ambulancia. |
| … die Polizei. | … a la policía. |
| … die Feuerwehr. | … a los bomberos. |
| Haben Sie Verbandszeug? | ¿Tiene usted botiquín de urgencia? |
| Es war meine Schuld. | Ha sido por mi culpa. |
| Es war Ihre Schuld. | Ha sido por su culpa. |
| Geben Sie mir bitte Ihren Namen und Ihre Anschrift. | ¿Puede usted darme su nombre y dirección? |

## ESSEN/UNTERHALTUNG

| | |
|---|---|
| Wo gibt es hier … | ¿Dónde hay por aquí cerca … |
| … ein gutes Restaurant? | … un buen restaurante? |
| … ein nicht zu teures Restaurant? | … un restaurante no demasiado caro? |
| Gibt es hier eine gemütliche Kneipe? | ¿Hay por aquí una taberna acogedora? |
| Reservieren Sie uns bitte für heute Abend einen Tisch für 4 Personen. | ¿Puede reservarnos para esta noche una mesa para cuatro personas? |
| Auf Ihr Wohl! | ¡Salud! |
| Bezahlen, bitte. | ¡La cuenta, por favor! |
| Hat es geschmeckt? | ¿Le/Les ha gustado la comida? |
| Das Essen war ausgezeichnet. | La comida estaba excelente. |
| Haben Sie einen Veranstaltungskalender? | ¿Tiene usted un programa de espectáculos? |

## EINKAUFEN

| | |
|---|---|
| Wo finde ich …? | Por favor, ¿dónde hay …? |
| eine Apotheke | una farmacia |
| eine Bäckerei | una panadería |
| ein Fotogeschäft | una tienda de artículos fotográficos |
| ein Einkaufszentrum | un centro comercial |
| ein Lebensmittelgeschäft | una tienda |
| einen Markt | un mercado |
| einen Supermarkt | un supermercado |

## ÜBERNACHTUNG

| | |
|---|---|
| Können Sie mir bitte … empfehlen? | Perdón, señor/señora/señorita. ¿Podría usted recomendarme … |
| … ein Hotel | … un hotel? |
| … eine Pension | … una pensión? |
| Ich habe ein Zimmer reserviert. | He reservado una habitación. |
| Haben Sie noch … | ¿Tienen ustedes … |
| … ein Einzelzimmer? | … una habitación individual? |
| … ein Zweibettzimmer? | … una habitación doble? |
| … mit Dusche/Bad? | … con ducha/baño? |
| … für eine Nacht? | … para una noche? |
| … für eine Woche? | … para una semana? |
| … mit Blick aufs Meer? | … con vista(s) al mar? |
| Was kostet das Zimmer mit … | ¿Cuánto cuesta la habitación con … |
| … Frühstück? | … desayuno? |
| … Halbpension? | … media pensión? |

### Arzt

| | |
|---|---|
| Können Sie mir einen guten Arzt empfehlen? | ¿Puede usted indicarme un buen médico? |

Ich habe …
- … Durchfall.
- … Fieber.
- … Kopfschmerzen.
- … Zahnschmerzen.

Tengo …
- … diarrea.
- … fiebre.
- … dolor de cabeza.
- … dolor de muelas.

### Bank

Wo ist hier bitte …
- … eine Bank?
- … eine Wechselstube?

Por favor, ¿dónde hay por aquí …
- … un banco?
- … una oficina/casa de cambio?

| | |
|---|---|
| Ich möchte … DM (Schilling, Schweizer Franken) in Peseten (Pesos) wechseln. | Quisiera cambiar … marcos alemanes (chelines, francos suizos) en pesetas (pesos). |

### Post

Was kostet …
- … ein Brief …
- … eine Postkarte …
- … nach Deutschland?

¿Cuánto cuesta …
- … una carta …
- … una postal …
- … para Alemania?

## Zahlen

| | | | |
|---|---|---|---|
| 0 | cero | 19 | diecinueve |
| 1 | un, uno, una | 20 | veinte |
| 2 | dos | 21 | veintiuno, -a, veintiún |
| 3 | tres | 22 | veintidós |
| 4 | cuatro | 30 | treinta |
| 5 | cinco | 40 | cuarenta |
| 6 | seis | 50 | cincuenta |
| 7 | siete | 60 | sesenta |
| 8 | ocho | 70 | setenta |
| 9 | nueve | 80 | ochenta |
| 10 | diez | 90 | noventa |
| 11 | once | 100 | cien, ciento |
| 12 | doce | 200 | doscientos, -as |
| 13 | trece | 1000 | mil |
| 14 | catorce | 2000 | dos mil |
| 15 | quince | 10000 | diez mil |
| 16 | dieciséis | | |
| 17 | diecisiete | 1/2 | medio |
| 18 | dieciocho | 1/4 | un cuarto |

# Menú
## Speisekarte

| DESAYUNO | FRÜHSTÜCK |
|---|---|
| café solo | Espresso |
| café con leche | Milchkaffee |
| cortado | Espresso mit einem Schuss Kondensmilch |
| café descafeinado | koffeinfreier Kaffee |
| té con leche/limón | Tee mit Milch/Zitrone |
| infusión (de hierbas)/tisana | Kräutertee |
| chocolate | Schokolade |
| zumo de fruta | Fruchtsaft (frisch gepresst) |
| huevo pasado por agua | weiches Ei |
| huevos revueltos | Rührei |
| pan/panecillo/tostada | Brot/Brötchen/Toast |
| croissant | Hörnchen |
| churros | fettgebackene Hefekringel |
| mantequilla | Butter |
| queso | Käse |
| embutido/fiambres | Aufschnitt |
| jamón | Schinken |
| miel | Honig |
| mermelada | Marmelade |

| ENTREMESES/SOPAS | VORSPEISEN/SUPPEN |
|---|---|
| aceitunas | Oliven |
| alcachofas | Artischocken |
| almejas | Venusmuscheln |
| boquerones | Sardellen |
| caracoles | Schnecken |
| chorizo | Paprikawurst |
| ensaladilla rusa | russische Eier |
| gambas al ajillo | Garnelen in Knoblauchsoße |
| jamón serrano | roher Schinken |
| mejillones | Miesmuscheln |
| salchichón | spanische Salami |
| salpicón de marisco | Meeresfrüchtesalat |
| sopa de ajo | Knoblauchsuppe |
| sopa de pescado | Fischsuppe |
| sopa de verduras (sopa juliana, sopa jardinera) | Gemüsesuppe |
| tortilla (a la) española | Omelett mit Kartoffeln (und Zwiebeln) |
| tortilla (a la) francesa | einfaches Omelett |

## PESCADOS Y MARISCOS / FISCH UND MEERESFRÜCHTE

| PESCADOS Y MARISCOS | FISCH UND MEERESFRÜCHTE |
| --- | --- |
| anguila | Aal |
| atún | Thunfisch |
| bacalao | Kabeljau, Stockfisch |
| besugo | Seebrasse |
| bogavante | (europ.) Hummer |
| calamares a la romana | panierte Tintenfischringe |
| calamares en su tinta | Tintenfisch in eigener Soße |
| dorada | Goldbarsch |
| gambas | Garnelen |
| langostinos | Riesengarnelen |
| lenguado | Seezunge |
| lubina | See-, Wolfsbarsch |
| merluza | Seehecht |
| paella | Reisgericht mit Meeresfrüchten und/oder Fleisch |
| parrillada de pescado | Fisch-Grillplatte |
| perca | Barsch |
| pez espada | Schwertfisch |
| pulpo | Krake |
| rape | Seeteufel |
| rodaballo | Steinbutt |
| salmón | Lachs |
| trucha | Forelle |

| CARNE Y AVES | FLEISCH UND GEFLÜGEL |
| --- | --- |
| asado | Braten |
| cabrito | Zicklein |
| callos | Kutteln |
| cerdo | Schwein |
| chuleta | Kotelett |
| cocido | Eintopf |
| cochinillo | Spanferkel |
| conejo | Kaninchen |
| cordero | Hammel, Lamm |
| escalope | Schnitzel |
| filete ruso | Frikadelle |
| guisado | Gulasch, Ragout |
| hígado | Leber |
| lomo | Lende |
| parrillada de carne | Fleisch-Grillplatte |
| pato | Ente |
| pollo | Hähnchen |
| riñones | Nieren |
| solomillo | Filet, Lendenstück |
| ternera | Kalb |
| vaca | Rind |

| ENSALADA Y VERDURAS | SALAT UND GEMÜSE |
| --- | --- |
| aguacate | Avocado |
| berenjenas | Auberginen |
| calabacín | Zucchini |
| cebollas | Zwiebeln |
| col de Bruselas | Rosenkohl |
| coliflor | Blumenkohl |
| escarola | Endivie(nsalat) |
| espárragos | Spargel |
| frijoles | dicke Bohnen |
| garbanzos | Kichererbsen |
| guisantes | Erbsen |
| hongos/setas | Pilze |
| judías | grüne Bohnen |
| lechuga | Kopfsalat |
| lentejas | Linsen |
| patatas | Kartoffeln |
| patatas fritas | Pommes frites |
| pepino | Gurke |
| pimiento | Paprikaschote |
| tomate | Tomate |
| zanahorias | Karotten |

| POSTRES, QUESO Y FRUTA | NACHSPEISEN, KÄSE UND OBST |
| --- | --- |
| albaricoques | Aprikosen |
| arroz con leche | Milchreis |
| cerezas | Kirschen |
| ciruelas | Pflaumen |
| flan | Karamellpudding |
| fresas | Erdbeeren |
| higos | Feigen |
| macedonia de frutas | Obstsalat |
| manzana | Apfel |
| melocotón | Pfirsich |
| melón | Melone |
| naranja | Apfelsine |
| natillas | Cremespeise |
| pera | Birne |
| piña | Ananas |
| plátano | Banane |
| queso | Käse |
| queso de cabra | Ziegenkäse |
| queso de oveja | Schafskäse |
| sandía | Wassermelone |
| tarta | Torte |
| toronja | Pampelmuse |
| uvas | Weintrauben |

| HELADOS/DULCES | EIS/GEBÄCK |
|---|---|
| bombón | Praline |
| café helado | Eiskaffee |
| chocolate | Schokolade |
| churros | fettgebackene Hefekringel |
| copa de helado | Eisbecher |
| dulces | Süßigkeiten |
| galletas | Kekse |
| helado variado | gemischtes Eis |
| nata | Sahne |
| tarta | Kuchen |

# Bebidas
## Getränkekarte

| BEBIDAS ALCOHÓLICAS | ALKOHOLISCHE GETRÄNKE |
|---|---|
| aguardiente | Schnaps |
| Jerez amontillado | trockener, leicht nussiger Sherry |
| botella | Flasche |
| caña | kleines Glas Bier |
| cava | im Champagnerverfahren erzeugter Sekt |
| cerveza | Bier |
| copa | Glas, Gläschen |
| Jerez fino | trockener Sherry |
| jarra | Karaffe, Krug, großes Glas Bier |
| litro | Liter |
| Jerez oloroso | dunkler, kräftiger Sherry |
| (semi-)seco | (halb-)trocken |
| vaso | Glas |
| vino blanco | Weißwein |
| (vino de) Jerez | Sherry |
| (vino) rosado | Rosé |
| (vino) tinto | Rotwein |

| BEBIDAS NO ALCOHÓLICAS | ALKOHOLFREIE GETRÄNKE |
|---|---|
| agua mineral | Mineralwasser |
| batido | Milchmixgetränk |
| gaseosa | Sprudel mit Geschmack |
| horchata | (Erd-)Mandelmilch |
| jugo de tomate | Tomatensaft |
| leche | Milch |
| zumo de naranja | Orangensaft |

# Reiseatlas
# Gomera und Hierro

*Die Seiteneinteilung für den Reiseatlas finden Sie*
*auf dem hinteren Umschlag dieses Reiseführers*

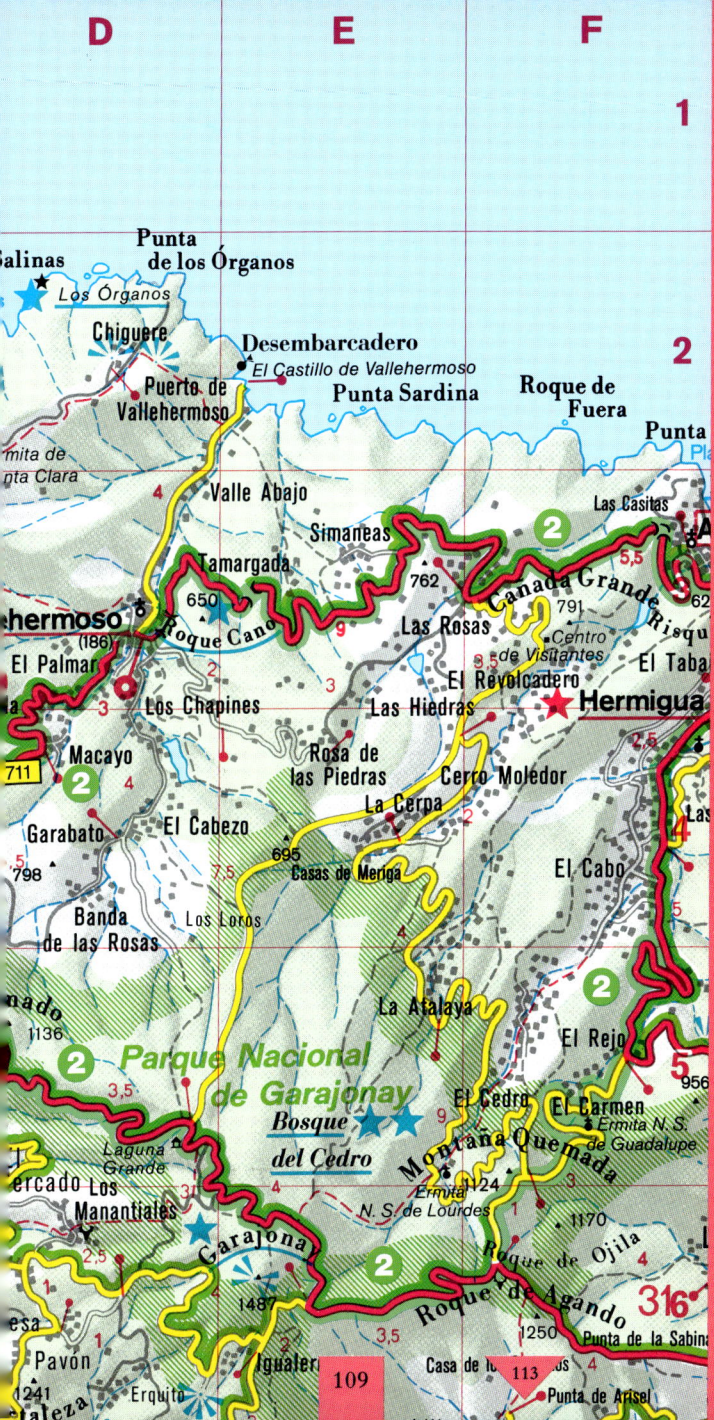

## A

**1**

## B

## C

nos

esombarcadero
*El Castillo de Vallehermoso*
**Punta Sardina**

**Roque de Fuera**

**Punta del Jurado**
Playa de San Marcos

Abajo

**Punta de Agulo**

Simaneas
Las Casitas

**②**

**Agulo**

ada

762

(190)   **Lepe**
Playa de Agulo

5,5

**Cañada Grande**

625

Playa de Sta. Catali

**Las Rosas**

9

791

Risquete

**Sta. Catalina**   **Punta**

*Centro de Visitantes*

3   *San Juán*   Playa

8,5

**El Tabaibal**

**Altonazo**

3

**El Revolcadero**

★   **Hermigua**

**Las Hiedras**

Casas de la Caleta

2,5

**Las Nuevitas**

4

**Rosa de las Piedras**

Casas del Pa

**Cerro Moledor**

**Las Palmas**

Casas del Álamo

**La Cerpa**

2

4
695

7

*Casas de Meriga*

**El Cabo**

4

5

1065   Barranco

**La Atalaya**

**②**

**Enchereda**

**El Rejo**

**48**

asional

956

**Garajonay**

*Bosque del Cedro*

**El Cedro**   **El Carmen**
*Ermita N.S. de Guadalupe*

Barranco

4

**Chejelipes**   Lom

**Montaña Quemada**

1124

*Ermita N.S de Lourdes*

1170

**②**

ona

4

Roque de Ojila

**La Laja**

4

1
*Roque de Agando*

**31**

5

3,5

1250   Punta de la Sabina

4

gualero

114   *los Castaños*   **110**

**Tagamiche**   Casas Bla

Punta

**Vegaipala**

OCÉANO

ATLÁNTICO

2 km

iña

Caleta

Punta San Lorenzo

Playa de los Incencios

Punta Palillos

aluche

de

Cueva Blancas

620

Punta Majona

Punta Gaviota

Playa Zamora

Playa del Águila

Jaragán

Punta Llana

Ermita de Nuestra
Señora de Guadalupe

Jaragán

Playa del Cangrejo

oso
duras

642

Punta de Avalo

El Prado

Playa de Avalo

TF711

El
Molinito

Matanza

San Antonio
y Pilar

268

Roca Bermeja

Parador

111

115

692

Punta de

D · E · F

1 · 2 · 3 · 4 · 5 · 6

Parque Nacional
de Garajonay
Bosque
del Cedro

La Atalaya

109 El Rejo

El Cedro

El Carmen
Ermita N. S.
de Guadalupe

Montaña Quemada

Ermita
N. S. de Lourdes

Garajona

Roque de Ojila

Roque de Agando

Punta de la Sabina

Casa de los Castaños

Igualero

Punta de Arisel

Benchijigua

Erquito

Ermita N. S. del
Buen Paso

Imada

Lo del Gato

Las Toscas

San Lorenzo

Drago

Agalán

Casas
de Pastrana

Tejiade

El Drago

Alajeró
(836)

Targa

El Cabezo

El Rumbazo

Almácigos

Calvario

El Calvario

807

Quise

Antoncojo

La Cantera

Playa de
Santiago

Punta

Caldera

291

Playa de
Ereses

Punta
del Becerro

Caleta de la Jarrita

Los Cristianos (Tenerife) ³/₄ h

Ararar

La Negra

Pavón

Erque

Los
Manantiales

Laguna
Grande

Mercado

**Hierro**

O C É A N O

A T L Á N T I C O

Emb

Punta de T
Playa los Co

★ ★ El Golfo

Punta de las Poyatas

**Chaco Azul**

Punta Arenas Blancas

P^tas de Gutiérrez

Playa la Madera

Roques de la Sal

Pta.
Tosca Amarilla
Playa de Verodal

Punta
de los Palos

Bahía de la Hoya

7,5  Los Llanillos

Mirador
del Bascos

Pozo de la Salud

Punta del
Verodal

Balneario

**El**

Bahía
de los Reyes

El Sabinar

★ **Sabinosa**

① 

① 

3,5

La Dehesa

Ventejea

TF 912

1216

Punta
de los Reyes

Santuario
N.S. de los Reyes

Cruz de
los Humilladeros

**Malpaso**

★ ① 

Cruz e

1500

Escajado

3

13

10

Punta
del Barbudo

El

①

El Julán

Faro de Orchilla

Playa de
los Colorados

Punta de los
Mozos

Playa de
los Mozos

Los Letreros

Playa de Tejeda

Punta
de Tejeda

Cueva
del G

Playa de Linés

Hoya del Tac
Punta Lajas del

Pu

2 km

116

# LEGENDE REISEATLAS

|  | |  |
|---|---|---|
| Autobahn · Gebührenpflichtige Anschlußstelle · Gebührenstelle · Anschlußstelle mit Nummer · Rasthaus mit Übernachtung · Raststätte · Erfrischungsstelle · Tankstelle · Parkplatz mit und ohne WC | | Motorway · Toll junction · Toll station · Junction with number · Motel · Restaurant · Snackbar · Filling-station · Parking place with and without WC |
| Autobahn in Bau und geplant mit Datum der Verkehrsübergabe | | Motorway under construction and projected with completion date |
| Zweibahnige Straße (4-spurig) | | Dual carriageway (4 lanes) |
| Fernverkehrsstraße · Straßennummern | | Trunk road · Road numbers |
| Wichtige Hauptstraße | | Important main road |
| Hauptstraße · Tunnel · Brücke | | Main road · Tunnel · Bridge |
| Nebenstraßen | | Minor roads |
| Fahrweg · Fußweg | | Track · Footpath |
| Wanderweg (Auswahl) | | Tourist footpath (selection) |
| Eisenbahn mit Fernverkehr | | Main line railway |
| Zahnradbahn, Standseilbahn | | Rack-railway, funicular |
| Kabinenschwebebahn · Sessellift | | Aerial cableway · Chair-lift |
| Autofähre | | Car ferry |
| Personenfähre | | Passenger ferry |
| Schifffahrtslinie | | Shipping route |

|  | |  |
|---|---|---|
| Naturschutzgebiet · Sperrgebiet | | Nature reserve · Prohibited area |
| Nationalpark, Naturpark · Wald | | National park, natural park · Forest |
| Straße für Kfz gesperrt | | Road closed to motor vehicles |
| Straße mit Gebühr | | Toll road |
| Straße mit Wintersperre | | Road closed in winter |
| Straße für Wohnanhänger gesperrt bzw. nicht empfehlenswert | | Road closed or not recommended for caravans |
| Touristenstraße · Paß | | Tourist route · Pass |
| Schöner Ausblick · Rundblick · Landschaftlich bes. schöne Strecke | | Scenic view · Panoramic view · Route with beautiful scenery |

|  | |  |
|---|---|---|
| Golfplatz · Schwimmbad | | Golf-course · Swimming pool |
| Ferienzeltplatz · Zeltplatz | | Holiday camp · Transit camp |
| Jugendherberge · Sprungschanze | | Youth hostel · Ski jump |
| Kirche im Ort, freistehend · Kapelle | | Church · Chapel |
| Kloster · Klosterruine | | Monastery · Monastery ruin |
| Schloß, Burg · Schloß-, Burgruine | | Palace, castle · Ruin |
| Turm · Funk-, Fernsehturm | | Tower · Radio-, TV-tower |
| Leuchtturm · Kraftwerk | | Lighthouse · Power station |
| Wasserfall · Schleuse | | Waterfall · Lock |
| Bauwerk · Marktplatz, Areal | | Important building · Market place, area |
| Ausgrabungs- u. Ruinenstätte · Feldkreuz | | Arch. excavation, ruins · Calvary |
| Dolmen · Menhir | | Dolmen · Menhir |
| Hünen-, Hügelgrab · Soldatenfriedhof | | Cairn · Military cemetery |
| Hotel, Gasthaus, Berghütte · Höhle | | Hotel, inn, refuge · Cave |

**Kultur** — **Culture**

|  | |  |
|---|---|---|
| Malerisches Ortsbild · Ortshöhe | WIEN (171) | Picturesque town · Elevation |
| Eine Reise wert | ★★ MILANO | Worth a journey |
| Lohnt einen Umweg | ★ TEMPLIN | Worth a detour |
| Sehenswert | Andermatt | Worth seeing |

**Landschaft** — **Landscape**

|  | |  |
|---|---|---|
| Eine Reise wert | ★★ Las Cañadas | Worth a journey |
| Lohnt einen Umweg | ★ Texel | Worth a detour |
| Sehenswert | Dikti | Worth seeing |

*In diesem Register sind alle im Führer erwähnten Orte und Ausflugsziele, wichtige Sachbegriffe und Personen verzeichnet. Halbfette Seitenzahlen verweisen auf den Haupteintrag, kursive auf ein Foto.*

# Was bekomme ich für mein Geld?

 Die Kanaren zählen schon lange nicht mehr zu den billigen Reisezielen. Gestiegene Löhne und die Angleichungen an EU-Standards haben, besonders in den Supermärkten, Restaurants und Hotels der Urlaubszentren, die Preise gewaltig steigen lassen. Dienstleistungen wie Taxi oder Bus liegen aber immer noch im unteren Preisbereich. Diejenigen Waren, die auf den Kanaren nicht dem Zoll unterliegen, vor allem Benzin und Zigaretten, sind ebenfalls noch günstig. Allgemein sind im Hinterland und überall dort, wo vorwiegend Einheimische verkehren, die Preise oft deutlich niedriger als in den Touristenorten.

Gängig sind Münzen zu 5, 10, 25, 50, 100, 200 und 500 Peseten, letztere leicht zu verwechseln mit der 100-Ptas-Münze. Die gebräuchlichen Scheine sind 1000, 2000, 5000 und 10 000 Ptas. Auf Gomera und Hierro liegt das Preisniveau auf Grund der zusätzlichen Transportkosten etwas über dem der Nachbarinsel Teneriffa. Weißbrot kostet ca. 100 Ptas, das halbe Pfund Butter 140 Ptas. Eine Tasse Kaffee kostet 125–150 Ptas, ein kleines Bier um 125 Ptas, ein Glas Wein 200 Ptas, ein Glas Wasser 125 Ptas. Für eine Busfahrt über die Insel zahlen Sie ca. 800 Ptas, für die Taxifahrt von San Sebastián ins Valle Gran Rey (50 km) 6000 Ptas.

| DM | Ptas | Ptas | DM |
|---|---|---|---|
| 1 | 85 | 100 | 1,18 |
| 2 | 170 | 250 | 2,94 |
| 3 | 255 | 500 | 5,88 |
| 4 | 340 | 750 | 8,82 |
| 5 | 425 | 1.000 | 11,75 |
| 10 | 851 | 1.500 | 17,63 |
| 20 | 1.701 | 2.000 | 23,51 |
| 30 | 2.552 | 3.000 | 35,26 |
| 40 | 3.403 | 4.000 | 47,02 |
| 50 | 4.254 | 5.000 | 58,77 |
| 60 | 5.104 | 6.000 | 70,53 |
| 70 | 5.955 | 7.500 | 88,16 |
| 80 | 6.806 | 10.000 | 117,55 |
| 90 | 7.656 | 12.500 | 146,93 |
| 100 | 8.507 | 15.000 | 176,32 |
| 200 | 17.014 | 25.000 | 293,87 |
| 300 | 25.522 | 40.000 | 470,19 |
| 500 | 42.536 | 50.000 | 587,74 |
| 750 | 63.804 | 75.000 | 881,61 |
| 1.000 | 85.072 | 100.000 | 1.175,48 |

Seit 1999 gelten bis zur endgültigen Einführung des Euro die oben stehenden Kurse. Sie sind keinen Schwankungen mehr unterworfen.